1 MONTH OF
FREE
READING

at
www.ForgottenBooks.com

By purchasing this book you are eligible for one month membership to ForgottenBooks.com, giving you unlimited access to our entire collection of over 1,000,000 titles via our web site and mobile apps.

To claim your free month visit:
www.forgottenbooks.com/free1046188

ISBN 978-0-364-66462-9
PIBN 11046188

Slav 7710.14

21963

3823

Blicke

über

's böhmische Volk,

seine

Geschichte und Literatur,

mit

ner reichen Auswahl von Literaturproben,

von

Joseph Wenzig.

Leipzig:

Friedrich Brandstetter.

1855.

Vorwort.

Die böhmische Literatur ist bisher viel zu wenig beachtet und gewürdigt worden, da sie doch seit grauen Tagen bis unter Rudolph II. ununterbrochen geblüht und kostbare Früchte getragen hat, und auch in ihrem neuen Frühlinge höchst interessante Erscheinungen darbietet. Ihr eine größere Aufmerksamkeit zuzuwenden, dürfte schon darum räthlich sein, weil ohne bessere Benützung slawischer Quellen ganze Wissenschaften z. B. Sprachkunde, Geschichte, Archäologie, Jurisprudenz, lücken= und mangelhaft bleiben müssen.

Gegenwärtiges Werk ist das erste, welches nicht blos eine Uebersicht der gesammten böhmischen Literatur giebt, sondern auch einen Vorrath von Producten derselben in deutscher Uebertragung liefert. Warum es die Literatur auf historischem Boden aufbaut, und die poetische Literatur zunächst hervorhebt, bedarf wohl nicht erst einer Motivirung. Es macht übrigens, obwohl es auf langjährigen, fleißigen Studien und Arbeiten beruht, durchaus nicht Anspruch auf den Namen einer gelehrten Leistung; es enthält blos die Grundzüge zu einem künftigen größeren, ausführlicheren Werke. Die dabei benützten Schriften sind:

Die ältesten Denkmäler der böhmischen Sprache von Šafařík und Palacký, Prag 1840.

1*

Rukopis Kralodvorský (Königinhofer Handschrift) von Hanka, Prag 1851.

Výbor z literatury české (Auswahl aus der böhmischen Literatur) Th. I, Prag 1845.

Tomáše ze Štítného knížky šestery o obecných věcech křesťanských (Sechs Bücher des Thomas von Štítné über allgemeine christliche Angelegenheiten) von Erben, Prag 1852.

Die geistlichen böhmischen Volkslieder von Kamaryt, Prag und Königgrätz 1831 und 1832.

Eine Sammlung böhmischer Sprüchwörter, Prag 1848.

Labyrint světa (Labyrinth der Welt) von Comenius, Königgrätz 1848.

Die Poesien von Kollár, Štulc, Erben, Čelakowský, Jablonský, Wocel.

Historie literatury české (Geschichte der böhmischen Literatur) von Jungmann, Prag 1849.

Slovesnost (Die redenden Künste) von Jungmann, Prag 1846.

Palacký's Geschichte von Böhmen, Prag 1836—1854.

Der Verfasser.

Inhalt.

Einleitung.

Blick vom Wyšehrad I, II, III, IV, V, VI, VII, VIII, IX.

Blick vom Hradschin I, II, III, IV, V, VI, VII, VIII.

Blick vom Žižkaberg I, II, III, IV, V.

Blick vom Belvedere I, II, III, IV, V, VI, VII, VIII.

Zum Schluß.

In den vorkommenden böhmischen Eigennahmen lies:

ě wie je

c wie tz (nur nicht in ch)

č wie tsch

ň wie das französische gn in campagno

s wie ss in Rosse

š wie sch

z wie s in Rose

ž wie das französische j in jardin

ř wie ein verschmolzenes rž.

Einleitung.

Schon Herder lenkte die Aufmerksamkeit auf die böhmischen Volkssagen, indem er die Sage von der Wahl Přemysl's zum ersten Herzog der Böhmen in seinen „Stimmen der Völker" bearbeitete, und zwar so vortrefflich, daß die Böhmen das Gedicht in ihre Sprache übertrugen, um es so recht durch- und auszugenießen. Entlehnte nicht Schiller, obwohl er, wahrscheinlich in einer üblen Laune, sein Epigramm „An der Eger" schrieb, den Stoff zu seinem Wallenstein aus der böhmischen Geschichte? Goethe gab sich, nachdem er die Königinhofer Handschrift kennen gelernt, sogar zum Uebersetzer her, und lieferte „das Sträußchen." Dem erhabenen Dreigestirn folgte eine nicht geringe Zahl von Stoffbearbeitern und Uebersetzern. Auch erschien nach manchen mehr oder minder mangelhaften Anfängen und Versuchen endlich Palacký's Geschichte von Böhmen, der ihre ärgsten Gegner den Ruhm lassen müssen, daß sie ein wichtiges, großes Werk ist. Allein trotz allem dem giebt es nicht leicht ein europäisches Volk, über das so verwirrte und so verschrobene Ansichten herrschten, und das noch so wenig gekannt wäre, als das böhmische. Die Ursachen der Erscheinung liegen schon in der frühesten Geschichte. Mögen sie der Geschichte angehören! Der Gegenwart geziemt Besseres. Sie hat einen weiteren und reineren Horizont zu erstreben.

Und so werfe ich hier zuerst die Frage auf: Sind sich Deutsche und Böhmen, wenn diese gleich Slawen, so fremd und ungleichartig, als man etwa meint? Geben ihre Sprachen nicht von ihrer Verwandtschaft das unwiderleglichste Zeugniß in einer Unzahl von Benennungen? Betrachten wir nur einige, aus denen wir muthmaßen können, daß Beide gleichsam mit einander aufwuchsen:

Deutsch.	Böhmisch.
Auge (oculus, occhio)	oko.
Nase (nasus)	nos.
Ant=litz	líce (Wange).
Bart	brada (Kinn, Bart).
Hand	hnat (Knochen, Glied).
Gatte	choť.
Mutter (mater, μήτηρ)	mať, máteř, matka.
Sohn	syn.
Bruder (frater)	brat, bratr.
Puppe (pupa, poupée)	poupě (Kind, Puppe, Knos
Junge	junák, junec.
Gast (hostis, ein Fremder)	host.
Leute	lidé.
Gucken	koukati.
Fauchen	foukati (blasen).
Stöhnen (στένειν)	stonati (stöhnen, krank sein)
Stehen (stare, στᾶν)	státi.
Sitzen (sedere)	sedati.
Liegen	líhati, lehati.
Müssen	musiti.
Wollen (velle)	woliti (wählen, wollen, vů Wille, βούλη).
Berg	wrch.
Thal	důl (Grube, Thal).
Hag, Hain	haj.
Buche	buk.
Dorn	trn.
Rebe	reva.
Rübe (rapa)	řípa.
Rettig (radix)	řetkev.
Kukuk (cuculus)	kukačka.
Fink	pěnkava.
Stieglitz	stehlik, stehlec.
Maus (mus, μῦς)	myš.

Deutsch.	Böhmisch.
Jahr	jaro (Frühling ἔαρ).
Nacht (nox, νὺξ)	noc.
Wetter	wítr (Wind).
Schnee	sníh.
Bube, Baube	bouda.
Stuhl	stólice (stůl, Tisch).
Salz (sal, ἅλς)	sůl.
Garten	za-hrada.
Bulle	bulík.
Büffel (bos, βοῦς, bubulus)	bůwol.
Esel	osel.
Schwein	swině (Sau).
Kater	kot.
Milch (milk)	mléko, mlíko.
Samen (semen)	semeno.
Saat (satum)	setí.
Pflug (plough)	pluh.
Graben	hrabati (scharren).
Pochen	bouchati.
Klopfen	klepati.
Mahlen (mit der Mühle)	mleti (ich mahle, melu).
Backen	péci (ich backe, peku).
Kaufen	koupiti.
Lieben	líbiti (belieben, gefallen).

Deutsche und Böhmen sind Zweige eines und desselben Stammes, des indo=europäischen; auch ihre Mährchen und Sprüchwörter weisen auf einen ihnen Beiden gemeinsamen Ursprung.

Indessen ist nicht zu läugnen, daß die Natur ihre Kräfte aufgeboten zu haben scheint, um Böhmen als etwas Sonderliches zu markiren. Be= treten wir das Land von der einen Seite, so stoßen wir auf den böh= mischen Geiser, den Karlsbader Sprudel. Ist es, fragen wir uns unwillkührlich, geheuer in einem Lande, wo solche unterirdische Kräfte wühlen? Erwägen wir jedoch des Warmquells Wirkung, durch welche seit

so vielen Jahren so Viele ihrer Krankheit Linderung oder völlige Ge=
sundheit erlangten, so beginnt sich unser Bedenken zu mindern und wir
fassen Zutrauen. Kommen wir von der östlichen Seite ins Land, so
starren uns die Adersbacher Felsen entgegen. Welch bald sich er=
weiterndes, bald sich verengendes Labyrinth der wunderbarsten Gestal=
tungen! Hier eine fünffingerige Hand, die sich aus dem Boden streckt;
dort zwei Wickelkinder leibhaftig in ihren Windeln. Hier die verschleierte
Nonne, dort der beschauende Johannes in der Wüste, und dort wieder
der Bürgermeister mit der Perrücke. Und dies Alles aus Stein, ohne
Zuthun einer menschlichen Hand! Wir denken in der einsamen Stille,
die blos dann unterbrochen wird, wenn wir das vielfache Echo wecken
oder das Rieseln des durchfließenden Baches hören, mit Schaudern an
Niobe, an die Frau Hütt in Tyrol. Doch Wanderer, nur getrost weiter!
Wenn hier Steine Menschen zu sein scheinen, du wirst im Innern des
Landes Menschen finden, die wahrlich keine Steine sind. Betreten wir
das Land von Westen, so dehnen sich die Urwälder Amerika's, breitet
sich der Böhmerwald um uns aus. Doch laß dich nicht von Grausen
befallen! Nur ein wenig gelauscht und du vernimmst die Thätigkeit
tausend fleißiger Hände, die das Holz entweder zum industriellen Gebrauche
dortiger Gegend fällen oder um es auf der Moldau nach Prag, ja durch
den Schwarzenbergischen Kanal auf der Mühl und Donau bis nach
Wien zu schwemmen. Der Schwarzenbergische Flößkanal verbindet nämlich
die Moldau mit der Mühl, und da die Moldau in die Elbe, die Elbe in
die Nordsee, die Mühl aber in die Donau, die Donau in das schwarze
Meer mündet, ganz einfach dieses mit der Nordsee. Nahen wir von
Süden, so finden wir die Perlenfischereien bei Rosenberg an der Mol=
dau, (es werden übrigens auch in der Wotawa, einem linken Nebenflusse
der Moldau, Perlen gefischt) Fischereien, die Perlen liefern, welche sich
zuweilen mit den orientalischen an Größe und Güte messen können.

Auch das Innere des Landes bietet auffallende Erscheinungen. Viel=
leicht war es einst ein See, der sich durch die Tetschner und Schan=
dauer Felsen einen Abfluß wühlte. Versteinerungen von Riesenpflanzen
und Riesenthieren, die man in neuerer Zeit ausgegraben, bezeugen, daß
hier einst bei anderer Temperatur eine andere Naturentwickelung stattfand.
Basaltkegel, hier in Reihen das dem Erzgebirge vorgelagerte Mittelgebirge

bildend, dort zerstreut und vereinzelt, erheben ihre Häupter, die vulka-
nischen Vorgänge grauer Tage zu beurkunden. (Ueberhaupt ist Böhmen
in mineralogischer Hinsicht eines der interessantesten Länder, wozu die
ihres Gleichen suchende Mineraliensammlung des Museums zu Prag die
Belege giebt. Welche Zukunft ferner in Böhmens ungeheueren Stein-
kohlenlagern!) Besteigst du aber einen der Basaltkegel, z. B. den Mile-
schauer oder Donnersberg bei Teplitz, so weicht der Schauer dem Entzücken über die Herrlichkeit der süßen Aussicht. Auch das Klima scheint
conträr zu sein und des Gesetzes der Breitengrade zu spotten, denn im
Norden des Landes wächst der köstliche Melniker und Žernoseker Wein,
während der Süden keinen erzeugt; doch erklärt sich dies leicht aus dem
Umstande, daß der Süden im Ganzen mehr absolute Höhe hat und
mit erkältenden Waldungen bedeckt ist.

Das Land ist eine natürliche, rings mit starken, hohen Wällen um-
gürtete Festung; von welcher Seite du hineindringen willst, überall mußt
du bergan, von Sachsen, Schlesien, Mähren, Oesterreich und Baiern.
Es ist eine Festung, die innen Alles, was zum Lebensbedarfe gehört,
reichlich besitzt, bis auf das Salz, durch welchen Mangel die Natur dafür gesorgt zu haben scheint, daß sich die Bewohner von der übrigen
Welt nicht zu sehr absondern möchten. Darum war diese wohl verpro-
viantirte Festung den Völkern von jeher eine geeignete Lagerstatt, zuerst,
so viel bekannt, den Celten, dann den Markomannen, bis endlich vor
1400 Jahren die Böhmen einrückten. Seit so lange stehen die Deutschen und die Böhmen in den mannigfaltigsten, unmittelbarsten Berührungen, die, wenn sie zeitweilig auch feindlich waren, gewürdigt zu werden verdienen, da bei der innigen und fortdauernden Wechselseitigkeit der
Beziehungen im öffentlichen und Privatleben, in der Kunst und Wissenschaft, Böhmen gewiß nicht ohne Deutschland, aber wohl auch nicht
Deutschland ohne Böhmen vollständig begriffen zu werden vermag.

Wir wollen die Geschichte und Literatur der Böhmen, der Nationalböhmen, die noch heut zu Tage in Böhmen allein eine Gesammtheit von
beinahe drei Millionen Köpfen bilden (und zwar offenen, wie man ihnen
allgemein zugesteht), überblicken, das, was sie in That und Wort geleistet.
Wo fänden wir einen tauglicheren Ort dazu, als Prag und seine vier
Höhenpunkte, den Wyšehrad, Hradschin, Žižkaberg und das Bel-

vedere? Prag, in malerischer Hinsicht von Humboldt nach Konstantinopel, Neapel und Lissabon die vierte Stadt Europa's genannt, Prag ist das lebendige Geschichtsbuch des böhmischen Volkes, von der Heidenzeit an die Perioden der Přemysliden, Luxemburger, Hussiten, Habsburger hindurch bis auf unsere letzten Tage. Ein jeder Schritt ist hier Geschichte. Wollte man die Geschichte des böhmischen Volkes auslöschen, so müßte man Prag zerstören, schleifen, mit dem Boden gleich machen. So bezeichnet es auch ein neuerer böhmischer Dichter Stulc in seinen von mir übertragenen Erinnerungsblumen:

> Was der Böhme, Böhmenstärke,
> Der Geschicke Lust und Leid,
> Seiner Väter Fall und Größe
> Und die Keime künft'ger Zeit:
>
> Nicht in Büchern schreibt's die Feder,
> Nicht in Worten spricht's der Mund;
> Doch der glutherwärmten Seele
> Giebt ein Bild es schweigend kund.
>
> Wie die helle Sonne leuchtet,
> Also zeigt's im hehren Prag sich,
> Welchen Lauf der Böhm' vollbracht,
> Welche Hoffnung jetzt ihm lacht.

Thun wir denn den ersten forschenden Blick von dem altehrwürdigen Wyšehrad!

Blick vom Wyšehrad.

I.

Hier stehen wir auf dem Wyšehrad, demselben Felsen, der einst die Fürstenburg Böhmens trug; doch ist die Fürstenburg verschwunden, seitdem sie die Hussiten unter dem Luxemburger Sigmund in ihrer Leidenschaft zerstörten, wie so viele merkwürdige Denkmäler der Vorzeit. Der Felsen trägt jetzt eine Festung. Jäh hinab unter uns stürzt er in die Moldau, die hier von Süden nach Norden fließt. Hinauf gegen Süden an beiden Seiten entfaltet sich eine wohlbevölkerte, bebaute Landschaft, ihrer romantischen Abwechselung wegen in den Sommermonaten häufig besucht; hinunter gegen Norden an beiden Seiten das malerische, königliche Prag mit seinen hundert Thürmen. Doch vor 1000 Jahren, in der Zeit, in welche wir uns hinein versetzen wollen, müssen wir uns das Bild anders malen. Prag — es begann damals erst zu werden — muß mit seinem Glanz hinunter, der Wyšehrad empor!

Wie verhielt es sich damals mit den Böhmen? Sie waren ein Naturvolk, einfach, arbeitsam, gesangslustig, herzlich und gastfreundlich, keine Liebhaber des Krieges, aber tapfer, wo es galt. Sie hatten eine Vorstellung von einer höchsten Gottheit, obwohl sie nebst ihr eine Menge untergeordneter Gottheiten verehrten und ihnen in Tempeln, Hainen, auf Bergen und an Brunnen Opfer brachten. Sie glaubten an eine Fortdauer der Seele nach dem Tode, und an eine Belohnung und Bestrafung derselben. Die Regierung versah ein Oberhaupt mit Hülfe der Kmeten (Landesältesten), der Lechen (größeren Grundbesitzer) und der Wladyken (kleineren Grundbesitzer), die, wenn es nöthig war, zusammen traten, und deren Aussprüche als Recht und Gesetz galten. Zur Erweisung der Schuld bedienten sich die Böhmen des Feuers und Wassers. Als Waffen dienten ihnen Hammer, Schwert, Bogen und Spieß; sie verstanden Burgen zu belagern. Im Frieden beschäftigten sie sich mit Ackerbau, Viehzucht, verschiedenen Handwerken; sie gewannen Erze, schlugen Münzen, kochten Salz, bauten Dörfer und Städte. Auch wußten sie in Erz zu gießen und übten Bildhauerei. Der uralte Quell ihrer Dichtkunst floß lebendig.

Betrachten wir, um ein recht anschauliches Bild dieses Zustandes zu gewinnen, vor Allem das älteste uns übrig gebliebene Denkmal böhmischer Poesie, dessen Ursprung bis in das achte Jahrhundert reicht und das den Titel „Libuša's Gericht" führt!

Libuša, Krok's weise Tochter, herrschte damals auf dem Wyšehrad. Es war Streit ausgebrochen zwischen zwei Brüdern aus angesehenem Geschlechte, zwischen zwei leiblichen Brüdern um des Vaters Erbgut. Wie beginnt das Gedicht? Ergriffen von dem ungewöhnlichen Ereigniß, zieht der Dichter sogar die leblose Natur in Mitleidenschaft; er redet die Moldau an:

> „Ei was trübst du, Wletawa, dein Wasser,
> Was trübst du dein silberschäumig Wasser?
> Hat der wilde Sturm dich aufgewühlet,
> Weiten Himmels Wetter niederschüttend,
> Spülend ab der grünen Berge Häupter,
> Spülend aus den Lehm voll goldnen Sandes?"

Und traurig antwortet die Moldau:

> „Ach, wie sollt' ich nicht mein Wasser trüben,
> Wenn in Hader sind zwei echte Brüder,
> Echte Brüder um des Vaters Erbgut!
> Ja, sie hadern grimmig mit einander:
> An der Otawa, der krümmungsreichen,
> Der goldsandigen, der wilde Chrudoš,
> An der kühlen Radbuza Held Staglaw;
> Beide Brüder, beide Klenowice,
> Alten Stamms, von Tetwa, Popel's Sohne,
> Der einst mit den Schaaren Čech's gekommen
> Durch drei Ström' in diese Segenslande."

Die Wotawa mündet links bei der höchst romantischen Feste Klingenberg in die Moldau. Von den früheren Goldwäschereien hat die Stadt Pisek (Sand) ihren Namen. — Die Radbuza fällt bei Pilsen in die Mies oder Beraun, einen linken Nebenfluß der Moldau. — Die drei Ströme, über welche Čech, der Erzvater der Böhmen, in das Land gekommen sein soll, sind nach Einigen die Drau, Raab und Donau, nach Andern die Gran, Waag und March, nach noch Andern die Weichsel, Oder und Elbe u. s. w. Vielleicht steht die in den slawischen Sagen und Mährchen beliebte Zahl drei hier überhaupt für viel. Čech soll das Land zuerst von dem Basaltkegel bei Raudnitz an der Elbe, dem Georgsberg, auf welchem die Magnetnadel merkwürdig declinirt, überblickt haben und an dessen Fuße begraben liegen.

Wie gelangt aber die unglückselige Kunde zu Libuša's Ohr? Es bringt sie ihr auf höchst zarte, sinnige Weise die patriarchalische, friedliebende Schwalbe:

> „Kam geflogen die gesell'ge Schwalbe
> Von der Otawa, der krümmungsreichen,
> Läßt sich an dem offnen Fenster nieder
> In Libuša's goldnem Vätersitze,
> Auf dem Wyšehrad, der heil'gen Stätte,
> Und sie jammert und sie klaget traurig."

Vielleicht ist unter dem Bilde der Schwalbe die zweite Schwester der Brüder zu verstehen; denn eine Schwester weilt an Libuša's Hofe, und als sie die Klage der Schwalbe vernommen, trägt sie dieselbe ungesäumt Libuša vor, um Vorladung der Brüder und Schlichtung des Streites bittend. Da entsendet Libuša ihre Boten nach allen Gegenden, um die Kmeten, Lechen und Wladyken zu einem Gerichtstag zu berufen. Sie sendet nach dem weißen, mit jungen Eichenforsten prangenden Lubic (das Epitheton „weiß" bei Ortsnamen ist unter den Slawen uralt), dem spätern Geburtsort Adalbert's, der predigend in Preußen seinen Tod fand, jetzt Libic bei dem historisch denkwürdigen Poděbrad — nach dem Kulm, wo die Elbe den Adlerfluß trinkt, der heutigen Festung Königgrätz — nach dem Riesengebirge, wo Trut den grimmigen Drachen erschlug, dem heutigen gewerbfleißigen deutschen Städtchen Trautenau, das noch einen Drachen im Schilde führt — nach den wald= und quellreichen Bergen des frühern rakonizer und berauner Kreises — nach der Sazawa, die sich oberhalb Prag rechts in die Moldau ergießt und an der später das sazawer Kloster gegründet wurde, wo Prokop das sogenannte rheimser Evangelium in altslawischer Kirchensprache schrieb, das zuletzt auf unbekannte Weise nach Frankreich kam und auf das die Könige Frankreichs zu schwören pflegten; wo ferner altslawische Malerei und Sculptur längere Zeit blühte — nach der oben erwähnten, bei Königssaal unweit von Prag links in die Moldau mündenden Mies oder Beraun, an deren Ufern sich die äußerst merkwürdigen Burgen Pürglitz und Karlstein malerisch erheben — auch nach dem entzweiten Brüderpaare.

Erhaben wird nun von dem Dichter das Gericht eingeleitet:

> „Als geschaart die Lechen und Wladyken
> Auf dem Wyšehrad, der heil'gen Stätte,
> Stellt sich jeder auf nach seiner Abkunft,
> Steigt in strahlend weißem Kleid die Fürstin
> Auf der Väter Thron in der Versammlung.
> Ihr zur Seite steh'n zwei hehre Jungfrau'n,
> Kundig der geheimen Wunderdinge;
> Bei der einen die Gesetzestafeln,
> Bei der anderen das Schwert der Rache,
> Gegenüber wahrheitkündend Feuer,
> Zu den Füßen heiligrichtend Wasser."

Die Urſache des Streites zwiſchen den Brüdern iſt aber dieſe, daß
ſich der ältere, Chrudoš, gegen den jüngern, Staglaw, als Erſtge=
borener geltend machen will, während nach dem althergebrachten Brauche
das Erbe entweder von Beiden gemeinſchaftlich verwaltet, oder zu glei=
chen Theilen getheilt werden ſoll. Das Erſtgeburtsrecht ſcheint germa=
niſche Eigenthümlichkeit geweſen zu ſein und bei den alten Slawen keine
Anwendung gehabt zu haben. Es beginnt alſo Libuša, geſtützt auf
die Auctorität der heiligen Sitte, ohne jedoch die Freiheit der Verſamm=
lung, Neues einzuführen, beſchränken zu wollen, von ihrem goldenen
Throne:

„Meine Kmeten, Lechen und Wladyken!
Richtet zwiſchen einem Paar von Brüdern,
Die da hadern um des Vaters Erbgut,
Um ſein Erbgut mit einander hadern.
Nach den Satzungen der ew'gen Götter
Walten mit dem Erbgut ſie gemeinſam,
Oder theilen es zu gleichen Theilen.
Meine Kmeten, Lechen und Wladyken!
Wohl erwäget dieſen meinen Ausſpruch,
Ob er ſei nach eurem Sinn und Willen;
Iſt er nicht nach eurem Sinn und Willen,
Nun, ſo fället dann ein neues Urtheil,
Das die Zwiſtgeſchiedenen vereine."

Ehrfurchtsvoll verneigen ſich Alle und beſprechen ſich leiſe unter ein=
ander. Die zwei Jungfrauen zu Libuša's Seite ſammeln hierauf die
Stimmen in heilige Urnen und reichen ſie zum Abzählen hin. Die Stim=
men werden gezählt; doch ihre Entſcheidung iſt nicht dem ältern Bruder
günſtig, ſie beſtätigt Libuša's Urtheilsſpruch und lautet alſo:

„Ihr da Brüder, beide Klenowice,
Alten Stamms, von Tetwa, Popel's Sohne,
Der einſt mit den Schaaren Čech's gekommen
Durch drei Ström' in dieſe Segenslande,
Sühnen ſollt ihr ſo euch um das Erbgut:
Sollt gemeinſam mit dem Erbgut walten."

Es iſt beſchloſſen. Chrudoš wird mit ſeinen Anſprüchen abgewie=
ſen; an der alten, durch ihr Alter geheiligten Sitte ſoll feſtgehalten wer=
den, wie Chrudoš auch zürnt, daß er bebt an allen Gliedern und
ſogar Libuša als ein nichtiges Weib zu ſchmähen wagt. Dies aber
hatte zur Folge, daß Libuša, um jeden Anſtoß an ihrer weiblichen
Regierung zu beſeitigen, ſich mit dem Lechen Přemysl vermählte, unter
deſſen Nachfolgern, den Přemysliden, das böhmiſche Volk von ſchweren
Schickſalen heimgeſucht wurde. Die Dichtung ſelbſt iſt gleichſam der
Scheideblick von einer idylliſchen, ſonnenbeleuchteten Landſchaft, über die
ſich bereits ſchwarze Wolken zuſammenziehen.

II.

Wenn uns „Libuša's Gericht" das öffentliche Friedensleben der alten Böhmen in einem seiner wichtigsten Acte malt, so schildert uns auf nicht minder graphische Weise eine andere, gleichfalls aus den grauesten Zeiten rührende Dichtung „Čestmír und Wlaslaw" das altböhmische Kriegsleben. Und wie es dort das edle Bild einer Frau ist, das uns in Anspruch nimmt, so ist es hier des Mannes felsenfeste, aufopfernde Unterthanstreue, die uns beschäftigt.

Es mochte eine geraume, nicht widerstandslose Zeit verfließen, bevor der Wyšehrad (nach Samo vielleicht zum zweiten Mal) mit dem allmählich aufkeimenden Prag zu Macht und Ansehn über Böhmen gelangte. Ein Beispiel liefert uns das vorliegende Gedicht, wo sich Wlaslaw, Fürst der Luker, in dem heutigen äußerst fruchtbaren Saatzer Bezirke an der Eger, mit Neklan, Přemysl's sechstem Nachfolger, in offenem Kampfe auf Leben und Tod befindet. Schon ist Neklan einmal von Wlaslaw aufs Haupt geschlagen worden; schon sind manche, die Neklan Treue gelobt, auf Wlaslaw's Seite übergetreten, wie der böse Kruwoj, welcher den wackeren Wojmír sammt Tochter auf seiner Burg gefangen hält; schon wälzen sich des Krieges wilde Wogen bis nahe vor den Wyšehrad. Neklan schwebt in der ärgsten Gefahr; seine letzte Hoffnung ist auf den tapferen, kriegskundigen Čestmír gesetzt.

„Čestmír, führe meine Schaaren!
Höhnend fordert uns Wlaslaw, stolzgebläht zum Kampf,"

so ruft der bedrängte Neklan in seiner Noth. Und freudenvoll, wie abschreckend auch die Gefahr ist, erhebt sich Čestmír, um seinem Fürsten treu zu dienen, und greift nach dem schwarzen Schilde mit dem Doppelzahn, und nach dem Hammer und dem undurchdringlichen Helm. Doch eh' er das Wagestück unternimmt, vergißt er nicht, sich fromm an die Gewalten zu wenden, von denen Rettung und Untergang kommt:

„Rings bei den Bäumen Opfer bringt er den Göttern dar."

Muthig an des Heeres Spitze zieht er nun vorwärts, und als er mit eigenen Augen das Verderben sieht, das der abtrünnige Kruwoj im Lande angerichtet, entbrennt sein gerechter Zorn zur Flamme. Kruwoj soll gezüchtigt werden, obwohl er trotzt in seiner hochgelegenen Feste. Čestmír befiehlt die Burg zu stürmen. Die Beschreibung dieses Sturmes ist zu interessant, als daß wir sie nicht vollständig kennen lernen sollten:

„Und es rühren sich die Schaaren,
Und sie wogen zur Feste
Nach des tapfern Čestmír's Worten,
Gleich Gewölk voll eis'gen Hagels.

Schild auf Schild, so decken sich die Ersten,
Und die Letzten stemmen sich an Speere
Und an Pfähle, quer gesteckt in Pfähle;
Ob dem Verhau schon klirren die Schwerter nach der Feste,
Und aus der Feste klirren Schwerter ihnen entgegen.

Auf der Burg brüllt Kruwoj einem Stier gleich,
Brüllet Muth in seine Schaaren,
Und schwer fällt sein Schwertstreich auf die Prager.

Wie vom Felsen ein Stamm und ihm nach viel Eichen stürzen,
So zur Burg hin strömen Neklan's Kriegerhaufen.

Čestmir heißet nun von hinten stürmen,
Heißt den Wall von vornen überspringen.
Sieh, und die hohen Bäume unter dem Felsen
Wölben sie zum festen Dache,
Daß die Balken, hinabgewälzt, darüber rollen.
Und hin stellet Mann an Mann sich unter dem Dache,
Klemmt sich breite Schulter an die breite Schulter;
Legen Pfähle auf die Schultern,
Binden sie quer und in die Läng' mit Wieden,
Stützen sie mit ihren starken Spießen.
Und es springen Männer auf die Pfähle,
Legen wieder Pfähle auf die Schultern,
Binden sie mit Wieden.
So die Dritten auf die Zweiten,
Und die Vierten auf die Dritten,
Und die Fünften bis zur Höh' der Burg hin.
Dorther klirren Schwerter,
Dorther zischen Pfeile,
Dorther rollen Balken donnernd nieder;
Aber der Prager Fluth erstürmt die Mauern,
Ha, und bändigt Alles in der Feste."

Die Burg ist erstürmt, der gefangen gehaltene Wojmír mit seiner Tochter wird der Freiheit zurückgegeben; Kruwoj büßt seinen Frevel unter dem Rachebeil. Doch was ist das Erste, wozu sich Wojmír nach seiner Befreiung getrieben fühlt?

„Und den Göttern opfern wollte Wojmír
Gleich zur Stell', eh' weiter ging' die Sonne."

Allein im Verzuge ist Gefahr; denn hart drängt Wlaslaw, der unbändige Lukerfürst. Eile ist vonnöthen, wenn zu Neklan's Heil der Sieg errungen werden soll. Da läßt sich Wojmír auf das Zureden Čestmir's, der keine Ruhe hat, bevor sein Fürst nicht gerettet ist, bewegen, das Opfer zu verschieben; doch ruft er laut aus gewaltiger Brust, Verzeihung heischend:

„Zürnet nicht, o Götter, eurem Diener,
Daß er euch nicht heut' noch Opfer brennet!"

Und kann er wirklich dem Drange seiner Dankbarkeit widerstehen? Er kann es nicht, als er auf dem Heereszuge an einen Ort gelangt, der ein gelegener Ort, ein Lieblingsort der Götter ist:

>„Und den Göttern brennet er ein Opfer
>Auf des Felsens Höh'
>Für vergangnen Sieg, den Sieg der Zukunft;
>Opfert ihnen eine muntre Färse,
>Roth erglänzt das Fell an ihrem Leibe;
>Kaufte sich die Färse von dem Hirten
>Dort im Thale, in dem hohen Grase,
>Gab ein Roß sammt Zaum dafür.“

Jetzt sind sich die beiden Heere nahe. Was aber offenbart sich, als Čestmír und Wojmír des Feindes Stärke prüfen? Wlaslaw's Heer ist fünfmal stärker, und wie Getöse aus Wetterwolken, erschallt daraus Gebell unzähliger Hunde, die Wlaslaw mit sich führt, um die Furchtbarkeit seines Heeres zu vermehren. Wojmír stutzt vor einem solchen Feinde; doch Čestmír wird durch seinen heiligen Eifer erfinderisch gemacht. Leise spricht er zu Wojmír, damit es die anderen Krieger nicht hören und nicht etwa Bangen fühlen:

>„Weise ist's jetzt, ingeheim zu reden,
>Weise jetzt, gefaßt zu sein auf Alles.
>Warum mit der Stirn gen Felsen rennen?
>Fuchs berückt den Stier, den hitzigwilden.
>Schnell hinab, rings um den Berg gezogen,
>Daß die Vordern hinten neu erscheinen,
>Und so mehrmal um den Berg gezogen!“

Glückliche Kriegslist! Wlaslaw und die Seinigen werden durch den neunmal wiederholten Umzug um den Berg getäuscht. Sie wähnen den Feind nun neunmal stärker, als sie selbst sind; sie gerathen in Furcht vor ihm; mit ganzer Gewalt angegriffen, kämpfen sie zaghaft, und als Wlaslaw von Čestmír's eigener Hand todt dahin sinkt, räumen sie die Wahlstadt in allgemeiner Flucht.

III.

Das Bild wäre unvollendet, wenn wir nicht noch einige Züge hinzufügen würden, die uns das Volk auch in anderen Beziehungen, als in seinem öffentlichen Friedens = und Kriegsleben, die es uns in seinem Privatleben vergegenwärtigen und uns dabei seine geheimsten Herzensfalten erschließen. Die Möglichkeit bieten uns mehrere Dichtungen, ihrem Ursprunge nach ebenfalls den frühesten Zeiten angehörend;

eine Art ältester, schlichtester Volkslieder; Aushauche der innersten Seele, aus dem Munde des Volkes selbst gesammelt.

Ich mache hier vor Allem auf das von Goethe übersetzte „Sträuß=chen" aufmerksam, wo das Mädchen in seinen beschlagenen Eimer am Flusse Wasser schöpft; plötzlich, vielleicht voll süßer Hoffnungsträume, ein schönes Sträußchen auf dem Flusse daherschwimmen sieht, von Ver=langen darnach ergriffen wird, es mit den zärtlichsten Worten anredet, es zu erhaschen trachtet, bis das arme Mädchen — in den Fluß fällt. Welch köstliches Stück! Goethe hätte es sonst kaum übersetzt. Traf es etwa in der Idee mit seinem „Fischer" zusammen?

Wie naiv ist die Dichtung „der Kukuk:"

> „Ein Eich' im weiten Felde,
> Auf der Eiche sitzt ein Kukuk,
> Und er rufet, und er klaget,
> Daß nicht immer währt der Frühling.
> Ei, wie reift' im Feld Getreide,
> Wenn es stets nur Frühling bliebe?
> Wie im Garten reiften Aepfel,
> Wenn es stets nur Sommer bliebe?
> Wie im Schober frör' die Aehre,
> Wenn es immer Herbst nur bliebe?
> Und wie bange wär' dem Mädchen,
> Wenn es immer einsam bliebe!"

Wie ergreifend, gerade durch seine kunstlose Schlichtheit, ist das innig gefühlte Lied: „Die Verlassene:"

> „Ach ihr Wälder, dunkle Wälder,
> Miletiner Wälder,
> Warum grünt ihr immer wieder
> Winters, wie im Sommer?
> Gerne möcht' ich wohl nicht weinen,
> Nicht das Herz mir quälen;
> Aber sagt, ihr guten Leute,
> Wer sollt' hier nicht weinen?
> Wo mein Vater, lieber Vater?
> Ach, ins Grab vergraben!
> Wo die Mutter, gute Mutter?
> Ach, grasüberwachsen?
> Hab' nicht Bruder, hab' nicht Schwester,
> Und mein Trauter — ferne!

(Miletin liegt zwischen dem durch seine Naturschönheiten und Wal=lenstein'schen Erinnerungen merkwürdigen Jitschin und der Festung König=grätz. Im 13. Jahrhundert hatten dort die deutschen Ritter von Ko=motau eine Comthurei; doch ging diese im Hussitenkriege ein.)

Und so noch andere Dichtungen, die unangeführt bleiben mögen, weil wir sonst die Grenzen der möglichsten Kürze, die uns unser Plan vorschreibt, überschreiten würden. Nur noch eine, die Klage um einen todten Jüngling, die gewöhnlich den Titel „der Hirsch" führt, will ich zur Ergänzung des Bildes in meiner eigenen Uebertragung bieten, in welcher auch die früheren geboten sind und die späteren gegeben werden sollen:

„Schweifet der Hirsch auf Bergen, in Auen,
Springet auf Bergen, in Thälern dahin,
Trägt ein schön Geweihe,
Mit dem schönen Geweihe durchbricht er das Dickicht,
Springet im Wald auf hurtigem Fuß.

Und ein Jüngling schreitet auf Bergen,
Schreitet in Thälern zum grausen Kampf;
Trägt am Leibe kühne Waffen,
Mit den Waffen durchbricht er der Feinde Schaaren.

Hin der Jüngling in den Bergen!
Es überfällt ihn der Feind, der wilde,
Rollt auf ihn die wuthentbrannten Augen,
Schlägt ihn mit dem Hammer auf den Busen,
Daß die Wälder traurig erschallen,
Schlägt die holde Seele aus dem Jüngling,
Daß sie aus dem schlanken Hals entflieget,
Aus dem Hals durch die schönen Lippen.

Ach, da liegt er!
Warmes Blut strömt hinter der Seele, der entflog'nen,
Und den Blutstrom schlürft die rohe Erde,
Und jedwedes Mädchenherz füllt Trauer!

Liegt der Jüngling in kalter Erde,
Ueber dem Jüngling wächst ein Eichenbaum,
Breitet seine Aeste weithin aus.

Kommt der Hirsch mit schönem Geweihe,
Springt auf hurtigen Füßen,
Streckt den schlanken Hals empor zum Laube.
Und es fliegen Sperber in Schaaren
Rings aus dem Wald auf den Eichenbaum,
Kreischen alle auf der Eiche:
Grimmiger Feind hat den Jüngling erschlagen,
Alle Mädchen beweinen ihn!"

IV.

So war das böhmische Volk in einer Zeit, deren Nebel wir uns mit der Fackel seiner eigenen Dichtkunst aufzuhellen suchten, einer Dicht=kunst, welcher wir kerngesunde Lebensfrische, eigenthümliche Naturwüch=sigkeit nicht absprechen können. Wie sehr zeigte sich das von ihm be=

wohnte Land nach der kurzen Schilderung, die gleich im Eingange ge=
boten wurde, dazu geeignet, um ihm eine Stätte zu ruhiger, unge=
störter Entwickelung seiner reichen Anlagen zu gewähren! Indessen solches
Glück war ihm nicht beschieden; vielmehr wurde es in unzählige Con=
flikte mit der Außenwelt verwickelt, und bei der Stärke dieser Con=
flikte müssen wir uns in der That wundern, daß es gegenwärtig nur
noch besteht.

Die Böhmen waren in der Zeit, in welcher wir sie bisher be=
trachteten, noch Heiden; die Weihe des Christenthums fehlte ihnen.
Schon bei ihrem regen Geiste und tieffühlenden Herzen hätte dasselbe,
sollte man meinen, leichten Eingang bei ihnen finden sollen; doch fand
es ihn anfangs nicht. Diejenigen, die es zuerst zu ihnen brachten,
vergriffen sich in der Art und Weise, es mitzutheilen. Nicht nur die
Gabe hat Werth, sondern auch wie man sie giebt, und selbst der Him=
mel kann zurückgewiesen werden, wenn er aufgedrungen wird. Die=
jenigen, die das Christenthum zuerst zu ihnen brachten, übersahen, daß
sie es mit einem Volke zu thun hatten, mit dem durch Güte, wie noch
heutiges Tages, mehr auszurichten war, als durch Gewalt, durch die
es zu störrischem Widerstand, zu unbändigem Trotz gereizt werden konnte.
Allein der ganze Vorgang läßt sich natürlich erklären, ohne daß wir
uns in gehässige Deutungen einzulassen brauchen. Ein jeder Mensch ist
das Kind seiner Zeit, und die Zeit der Karolinger war nach den langen
Kämpfen mit den Römern, nach dem Umsturze des römischen Weltreiches,
bei dem Schaffen neuer Staaten, eine Zeit der Gewalt; eine Zeit der
Kraft, ob der wir noch jetzt in den alten Liedern staunen, aber eine
Zeit der Gewalt, wo Alles entweder biegen oder brechen sollte. Diese
Kraft, diese Gewalt war vielleicht im Allgemeinen sogar nothwendig,
damit das aus den Fugen Gegangene wieder Halt gewinne, doch paßte
sie in dem besonderen Falle nicht und hatte die bedauernswerthesten Folgen.

Vernehmen wir mit Billigkeit — audiatur et altera pars —
eine dem mehr als tausendjährigen „Gericht Libuša's" an Alter zu=
nächststehende Dichtung, die uns das böhmische Volk in einem Conflikte
mit den Karolingern schildert, und „Zaboj und Slawoj" heißt!
Wie die früheren Dichtungen Frauenwürde, Unterthanstreue, zarte Her=
zensregungen, so feiert sie die Freundschaft, die von Ideen getragen
wird, und darf daher im Kranze nicht fehlen.

Schon lange hat Zaboj, freilich von Heidenwahn befangen, mit
seinem Herzensfreunde Slawoj Vorbereitungen zu gefahrvollem Werke
getroffen. Er steigt wieder einmal auf einen Felsen, um das Bild seiner
geliebten, bedrängten Heimath in sich zu saugen:

> „Aus dem schwarzen Walde steigt ein Felsen,
> Auf den Felsen steigt der starke Zaboj,

Blicket ringsumher nach allen Seiten;
Alle Gaue füllen ihn mit Trauer,
Und er stöhnet, so wie Tauben weinen."

Was beginnt er, da er dem inneren Drange, der ihm als ein heiliger Drang erscheint, nicht länger wehren zu sollen glaubt?

"Lange sitzt er und betrübt sich lange.
Jetzt rafft er sich auf, gleich einem Hirsche
Durch den Wald, des langen Waldes Oede,
Eilt er schnell, von einem Mann zum andern,
Rings durch's Land vom Starken zu dem Starken,
Spricht geheim zu Allen kurze Worte,
Neiget sich den Göttern,
Eilt zum Freunde weiter."

Und im einsamen Waldthal bei stillem Mondenschein sammelt sich um Zaboj eine Schaar, und Zaboj, sich absichtlich tiefer stellend, als die Andern, greift zum Saitenspiel und singt:

"Männer brüderlichen Herzens, funkelnden Auges,
Zu euch sing' ich aus der Tiefe!
Mir vom Herzen geht das Lied,
Mir vom Herzen, das versenkt in tiefen Kummer.
Vater scheidet zu den Vätern,
Läßt daheim zurücke Kinder und Holdinnen alle,
Und zu Niemand saget er:
Lieber, sprich zu ihnen väterliche Worte!
Und gewaltsam kommt ein Fremder in die Heimat,
Und gebietet hier mit fremden Worten,
Und wie's in dem fremden Land vom Morgen bis zum Abend,
So soll's Kindern, Weibern hier ergehn!
Eine Gattin nur sollen wir haben
Von der Wesna bis zur Morana.
Aus den Hainen jagen sie die Sperber,
Und was für Götter im fremden Land,
Denen sollen wir uns neigen, wir Opfer opfern.
Nicht vor den unsern dürfen die Stirn wir schlagen,
Speisen nicht im Dämmern ihnen bringen.
Wo der Vater Göttern Speisen hintrug,
Wo er hin ging, ihnen Lob zu singen,
Hieben die Bäume sie alle nieder,
Alle Götter zertrümmerten sie."

(Unter dem Vater ist wahrscheinlich ein unbekanntes Haupt gemeint, dessen Tod plötzlich, ohne die nöthigen Vorbereitungen erfolgte. — Der Vers: "Läßt daheim zurücke Kinder und Holdinnen alle," sowie der Vers: "Eine Gattin nur sollen wir haben," mit dem darauf folgenden läßt vermuthen, daß damals unter den Böhmen noch eine Art Mehrweiberei bestand. — Der Ausdruck "von der Wesna bis zur Morana" bedeutet so viel als "von der Geburt bis zum Tode, von der Wiege

bis zum Grabe." Wesna [vergl. ver] war bei den alten Böhmen die
Göttin des belebenden Frühlings, Morana [vergl. mors, Norne] die
Göttin des Todes).

Wohl ist so manchem Hörer das Lied ins Herz gedrungen; doch
wer sein Gefühl, seine Begeisterung laut ausspricht, das ist Zaboj's
seelenverwandter Freund Slawoj:

„Zaboj, ha! du singest
Herz zum Herzen, recht aus Grames Mitte!
Gleichwie Lumir mit Wort und Sang
Mächtig bewegte den Wyšehrad und alles Land,
So du mich und alle Brüder.
Wack're Sänger lieben die Götter:
Singe, dir ward's von ihnen verlieh'n,
Gegen Feinde ins Herz zu singen!"

(Da Slawoj auf einen noch früheren Sänger Lumír hinweist, von
dem aber sonst nichts weiter bekannt ist, so giebt dies ein neues Zeug=
niß für das hohe Alterthum der böhmischen Poesie).

Mit funkelndem Auge blickt Zaboj den begeisterten Slawoj an, in
der gleichen Stimmung den erkorenen Freund erkennend, und fährt nun
fort, die Uebrigen zum Entschlusse, zur That zu entflammen:

„Zwei der Söhne,
Deren Stimmen eben mannbar wurden,
Pflegten in den Wald zu gehen;
Dort mit dem Schwert und dem Hammer und Spieße übten sie die Arme,
Bargen die Waffen dort und kehrten freudig nach Hause.
Und als Arme und Geister gewachsen waren dem Feinde,
Und die andren Brüder auch erwuchsen,
Ha! da stürzten Alle auf die Feinde,
Und ihr Grimm — er glich des Himmels Sturme,
Und das alte Glück, es kam der Heimat wieder!"

Jetzt stürzen Alle hingerissen auf Zaboj los und drücken ihn in
ihre Arme. Der Bund ist fest geschlossen. Streitkräfte werden vorsichtig
gesammelt, keck wird der Feind herausgefordert, und bei der Gereiztheit
der Gemüther entspinnt sich eine wahrhaft furchtbare Schlacht, in welcher
Zaboj an seinem getreuen Slawoj die kräftigste Unterstützung findet. Als
Zeugniß, wie furchtbar geschlagen wird, sei hier aus dem ganzen Ge=
mälde blos der Zweikampf zwischen Zaboj und dem feindlichen Anführer
Ludĕk (vielleicht Ludwig) herausgehoben:

„Ha! voll Zornes stürmet Ludĕk
Aus der Schaaren Menge los auf Zaboj,
Und los stürmet Zaboj
Gegen Ludĕk mit entflammten Blicken;
Gleich als bestürmten sich zwei Eichen im Wald, so sind sie zu schauen.

Aus den Schaaren hervor rennt Zaboj gegen Ludĕk;
Ludĕk schlägt mit starkem Schwerte
Und durchhaut drei Schildeshäute;
Zaboj schlägt mit seinem Hammer,
Ludĕk springt behend zur Seite,
Und es trifft der Hammer einen Baum,
Und der Baum stürzt auf das Heer,
Dreißig gehen heim zu ihren Vätern.

Da ergrimmet Ludĕk:
Ha! du wüthend Unthier,
Grauses Schlangenungeheuer,
Mit dem Schwerte laß uns kämpfen!

Und das Schwert schwingt Zaboj,
Haut dem Feind ein Stück vom Schilde;
Und das Schwert zückt Ludĕk,
Doch es gleitet ab vom häut'nen Schilde.
Und zu Hieben Beide sich entflammen,
Und zerstücken alles sich am Leibe,
Und bespritzen alles rings mit Blute,
Und mit Blut bespritzen sie die Krieger
Rundumher im wüthendwilden Kampfe.

Schon im Mittag steht die Sonne,
Nähert sich schon halb dem Niedergange,
Und noch wird gekämpft,
Hier nicht, dort nicht wird vom Kampf gelassen;
Und gekämpft wird hier,
Und gekämpfet wird auch dort von Slawoj.

Fahr' zur Hölle, Würger!
Was willst unser Blut du trinken?

Und den Hammer fasset Zaboj,
Ludĕk springt zur Seite;
Zaboj schwingt den Hammer höher,
Und nach dem Feinde schleudert er ihn.
Fliegt der Hammer,
Und der Schild zerspringt,
Hinterm Schild zerspringet Ludĕk's Busen,
Vor des Hammers Schlag erschrickt die Seele,
Und der Hammer treibt heraus die Seele,
Und fünf Lachter weit fliegt sie ins Heer.

Allein die Wuth der Schlacht hat noch kein Ende. Der Feind
wird bei Tag und Nacht, bei Sonnenbrand und Sternenlicht, über Berg
und Thal, durch Auen und Wälder, über Stock und Stein und reißen-
des Gewässer bis an die Grenzen des Landes verfolgt. Was aber spricht
endlich der mildere Slawoj hier zu seinem Freunde, dem er bisher die
treuesten Dienste geleistet:

„Sieh doch, Bruder Zaboj,
Nahe schon sind uns die Berge!
Nur ein Häuflein noch ist übrig,
Und die flehen um Erbarmen!"

Und Zaboj, obwohl er sich in der heftigsten Aufregung befindet, er
hört die Stimme des Mitleids, der Menschlichkeit. Dies ist ein edler
Zug und verdient als ein für die Geschichte der Böhmen charakteristischer
hervorgehoben zu werden. Die Böhmen waren weder ein wildes Raub=
volk, noch ein Volk der Eroberung. Nicht pflegten sie anzugreifen, wenn
sie nicht angegriffen wurden, und begnügten sich gern damit, sich ihrer
Gegner blos entledigt zu haben. Dies thaten sie oft zu ihrem eigenen
Schaden, dem entgegen, was der welterfahrene Goethe lehrt: „Du
mußt Hammer oder Amboß sein." So das Volk. Einige seiner Herr=
scher machten freilich Ausnahmen und brachten zeitweilig einen anderen
Geist ins Volk.

V.

Welch anderer Empfang wurde dem Christenthume von Seiten der
Böhmen, als es die Slawenapostel Cyrill und Method und ihre
Schüler zu ihnen brachten! Rastislaw, der Beherrscher des großmährischen
Reiches, hatte die beiden Brüder aus dem griechischen Kaiserthume nach
seiner Residenz Welehrad, gegenwärtig blos einem Wallfahrtsorte bei
Hradisch in Mähren, berufen 863. Durch die Verbindung, in welcher
damahls Böhmen mit Großmähren stand, erlangten sie auch Einfluß
auf ersteres. Beide Brüder hatten sich schon durch Bekehrung anderer
Slawenstämme, z. B. der Bulgaren, hervorgethan. Cyrill hatte das nach
ihm benannte Alphabet erfunden, und das Evangelium in das Altsla=
wische übersetzt, das noch heutigen Tages bei den Slawen griechischer
Kirche als Kirchensprache gebraucht wird. Method verstand auch den
Malerpinsel zu führen; er soll den bulgarischen König Boris durch die
Darstellung des jüngsten Gerichtes zum Christenthume bekehrt haben. Die
beiden Brüder trugen die Lehre der allgemeinen Liebe liebevoll vor, sie
führten beim Gottesdienste die slawische Sprache ein, und belebten bei
den Böhmen die Neigung zur Kunst und Wissenschaft. Wie kurz auch
ihre und ihrer Schüler Wirksamkeit war, die Spuren davon waren nicht
mehr auszulöschen. Als eine solche Spur ist wahrscheinlich das schon
früher (Blick I.) erwähnte sazawer Kloster zu betrachten, wo im 11. Jahr=
hundert Malerei und Sculptur blühten, und bei dessen Aufhebung eine
Menge slawischer Bücher verloren ging, von denen sich blos das gleich=

falls schon (Blick I.) erwähnte rheimser Evangelium erhalten hat. Eine solche Spur zeigt sich noch unter Carl IV., der sich vom Papste eigens die Erlaubniß erwirkte, den Gottesdienst im Emauskloster zu Prag in slawischer Sprache feiern zu lassen. Noch später in den Hussitenkriegen gelangte die Spur zu neuer Auffrischung.

So wuchs denn das Christenthum in Böhmen, nachdem es einmal Wurzel gefaßt hatte, trotz dem anfänglichen Kampfe der lateinischen und slawischen Liturgie aus dem schon von Heidenzeiten her durch und durch religiösen Gemüthsboden des Volkes als ein mächtiger, lebensgrüner, blüthen= und fruchtreicher Baum empor. Daher strahlen uns schon aus den frühesten Zeiten böhmische Heiligengestalten entgegen: so Ludmila, die Großmutter Herzog Wenzels I., ihrer Leutseligkeit und Mildthätigkeit wegen als die Mutter des Landes gepriesen — so der für Bildung begeisterte Herzog Wenzel I. selbst, der in der uralten böhmischen Schule Budeč, von welchem Orte bei dem heutigen Beraun kaum sichtbare Ueberbleibsel vorhanden sind, Latein und Slawisch lernte — so der gleichfalls schon (Blick I.) erwähnte energische Adalbert, zweiter Bischof von Prag, welcher, in Magdeburg gebildet, Stephan den Heiligen von Ungarn taufte, und in Preußen predigte, wo er den Märtyrertod starb, worauf seine Leiche nach Gnesen gebracht, und von dort durch Břetislaw I., den böhmischen Achilles, im Triumphzuge nach Prag übertragen wurde — so der gelehrte Prokop, erster Abt des sazawer Klosters, welcher das mehrmals genannte rheimser Evangelium mit eigener Hand schrieb. Kirchen, Klöster, geistliche Stiftungen mehrten sich, wie in einem zweiten Spanien, in reicher Fülle, und hier auf dem Wyšehrad, von dem wir die Blicke über die Zeit der Přemysliden schweifen lassen, stand eine der ersten Kirchen des Landes. Malerei und Sculptur wetteiferten in frommer Hingebung, um sie zu verschönern, und die noch in vielen Resten erkennbare byzantinische Bauart bezeugt ebenfalls den Einfluß des Ostens auf Böhmen, einen Einfluß, der erst durch die archäologischen Forschungen der Neuzeit in helleres Licht gestellt zu werden beginnt. Ein glänzendes Zeugniß von dem immerstärker erwachenden tiefreligiösen Sinne des böhmischen Volkes geben auch nebst Legenden und Mysterien so manche, von den ergreifendsten Melodien begleitete, geistliche Lieder.

Wir wollen hier das älteste Lied dieser Art anführen, das seine Entstehung wahrscheinlich Cyrill und Method selbst verdankt, noch gegenwärtig in den Kirchen bei dem Segen des Priesters gesungen wird, und zugleich ein Beweis für die Friedfertigkeit des Volkes ist:

> „Herr, dich über uns erbarm',
> Jesu Christ erbarme dich!
> Du Heil und Hort der ganzen Welt,
> Erlös' uns und erhöre uns,

Die wir, o Herr, zu dir jetzt fleh'n!
Verleih' uns insgesammt, o Herr,
Fruchtbarkeit und Frieden im Land!
Kyrie eleison!"

Eine andere historische Merkwürdigkeit ist ferner das Wenzelslied, gleichfalls frühesten Ursprungs, das von den Böhmen gewöhnlich
unter Vortragung der Wenzelsfahne vor dem Beginn einer Schlacht gesungen zu werden pflegte, und den Beweis liefert, welch ernste, heilige
Bedeutung Schlachten für sie hatten:

„Heil'ger Wenceslaw,   Wie herrlich des Himmels Reich!
Herzog des Böhmenvolks,   Selig, wer dort gelangt
Du, unser Fürst,   Zum ew'gen Heil,
Bitt' für uns bei Gott,   In die lichte Gluth
Dem heil'gen Geist!   Des heil'gen Geists!
    Kyrie eleison!   Kyrie eleison!

Deinen Schutz flehen wir,
Dich über uns erbarm'!
O send' uns Trost,
O wehr' des Uebels Macht,
Heil'ger Wenceslaw!
    Kyrie eleison!

Und diesen Liedern schließt sich ein Reichthum anderer voll der
naivsten, innigsten Poesie bis herab auf die Neuzeit an, von denen
einige anzuführen ich deßhalb um Erlaubniß bitte, weil sie zur Charakteristik des Volkes ungemein viel beitragen:

Adventlied.

Am Himmel kommt der Morgenstern
Durch Wolken mit Gefunkel,
Die goldne Sonne folgt ihm nach,
Schon flieht das nächt'ge Dunkel.
Thau von dem Himmel fließet,
Der freundlich sich erschließet.

Der ganze Himmel hellt sich auf,
Ringsum mit Glanz sich schmückend,
Es legt sich Gottes mächt'ger Zorn,
Der Friede naht beglückend.
Froh Erd' und Himmel schallen,
Des Satans Knechte fallen.

Neu hebt sich Davids Haus empor,
Das trauernd lag danieder,
Jerusalem mit Lust sich füllt,
Sein Ruhm, er kehrt ihm wieder.
Des Herren Bau verklärt sich,
Des Himmels Gnade mehrt sich.

Der Todesfrost, so kalt und starr,
Beginnet zu zergehen,
Es nahet warmer Seelenmai,
Verjüngung ist zu sehen.
Des Jesse Stamm treibt Sprossen,
Vom Himmelsthau begossen.

Er schenkte eine Rose uns,
Ihr weicht der Schnee an Reine;
Er gab uns eine theure Maid,
Süß, wie der Lilien keine.
Der Aaronszweig nun sprießet:
O Jungfrau, sei gegrüßet!

Ihr Wohlgeruch erfüllte ganz
Der Engel lichte Chöre,
Hin trat sie bis vor Gottes Thron,
Da ward ihr Huld und Ehre.
Die Demuthsvolle, Stille,
Erwarb uns Gnadenfülle!

Weihnachtslied.

Engel, nicht geweilet!
Boten Gottes eilet,
Flieget in der Runde,
Bringt die frohe Kunde:
„Christus, uns zum Frommen,
Ist zur Welt gekommen!"

Wunderbares Werden
Für das Heil der Erden!
O voll Freude singet,
Lob dem Heiland bringet!
Laßt den Gast uns preisen,
Ehr' dem Kind erweisen!

Stroh und Heu sein Bette —
Welche Lagerstätte!
O der holde Knabe,
Himmels beste Gabe,
Wie muß er sich schmiegen,
In der Krippe liegen!

Wie vor Frost er bebet,
Der zum Weltheil lebet!
O gieb dein Gefieder,
Täubchen, daß die Glieder
Ihm mit weichem Pfühle
Seine Mutter hülle!

Sonne, o geschwinde,
Wärm' sein Bettchen linde!
Deine Strahlen sende,
Süße Wärme spende!
Daß der Frost ihn schone,
Dien' der Jungfrau Sohne!

Und, mein Herz, nicht weile,
Hin zum Kindlein eile:
Wärm's mit heißem Triebe,
Hüll's mit reicher Liebe,
Trockne seine Zähren,
Und wein' ihm zu Ehren!

Morgenlied.

Wie sich wunderschön die Sonn' erhebet,
Und die finstre Nacht von hinnen schwebet!
Daß auch wir uns frisch erhoben,
Laßt dafür den Herrn uns dankbar loben!

Engel in den Höh'n mit lautem Schalle,
Die Erzengel und die Seraph' alle
„Heilig, heilig, heilig!" singen:
Laßt auch uns Gott Preis und Ehre bringen!

Sonn' und Mond, der Sterne Silberherde,
Was im Himmel ist und auf der Erde,
Läßt sein Lied des Morgens klingen,
Ihm, der Leben schenkte allen Dingen.

Nachts schon singt der Hahn zu Gottes Preise,
Mit den Flügeln schlägt nach seiner Weise,
Schlägt die Brust, und läßt aus allen
Seinen Kräften Gottes Ruhm erschallen.

Wie die kleinen Vöglein auch Gott loben,
Wenn die Morgensonne sich erhoben!
Jedes singt auf seine Weise,
Daß der ganze Wald ertönt im Kreise.

Alles, alles meldet Gottes Ehre,
Was im Himmel, auf der Erd', im Meere,
Vögel und die Fisch' in Schaaren,
Wo was ist Belebtes zu gewahren.

Und weil Gott die Thiere selbst erheben,
Denen nicht Verstand von ihm gegeben,
Sollst du, dem Verstand verliehen,
Nicht verstockten Herzens dich entziehen.

Jeden Morgen denk', daß Gott voll Milde
Dich erschaffen hat nach seinem Bilde;
Preis' ihn, daß er dich voll Gnaden
In der Nacht behütet hat vor Schaden!

Vor dem Essen.

Herrscher in des Himmels Höhen,
Weil zu dir die Vöglein flehen,
Daß du ihnen Huld erweisest,
Und sie tränkest und sie speisest:

Hör' in deinen ew'gen Höhen
Uns um unser Brod auch flehen,
Und mit gnäd'gem Wohlgefallen,
Herr im Himmel, schenk' es allen!

Oeffne deiner Allmacht Hände,
Und uns allen Nahrung spende;
Mög'st aus Wen'gem Viel bereiten,
Hochgelobt in Ewigkeiten!

Nach dem Essen.

Lauten Dank und Preis gebracht
Gottes, des dreiein'gen, Macht,
Der uns Matte stets erquickt,
Uns mit seiner Huld beglückt,
Mit der Kost der Zeitlichkeit
Und dem Thau der Ewigkeit,
Seiner Erdgeschöpfe Schaar
Segnet reich und wunderbar!

Unerforschte Weisheit du,
Preis kommt deiner Liebe zu,
Die sich gnädig hat bewährt,
Erdensätt'gung uns beschert!
Gib, daß wir auch wohlgedeih'n,
Redlich uns dem Guten weih'n,
Sättigung in Himmelslust
Finden einst an deiner Brust.

Lied vor dem Schlafengehen.

Wie der kleinen Küchlein Brut
In der Mutterhenne Huth,
So des Abends flüchten wir,
Herr im Himmel, uns zu dir!

Daß du uns voll Gütigkeit,
Durch des ganzen Tages Zeit,
Frisch erhalten und gesund,
Dank dafür ruft unser Mund.

Wenn in unsrem Blute war,
Was die Sünde drin gebar,
Sei durch Jesu Tod die Schuld,
Uns, o Herr, verzieh'n in Huld!

Gib uns eine ruh'ge Nacht,
Schütz' uns vor des Bösen Macht,
Nimm uns gnadenvoll in Acht
Du, o unsre stärkste Wacht!

Ausruh'n, Herr, laß unsren Leib,
Jeden bösen Traum vertreib',
Nur Gedanken, gut und rein,
Wolle uns im Schlaf verleih'n!

Ruh', von argen Träumen frei,
Uns, o Herr, beschieden sei,
Daß, unangefochten so,
Wir erwachen frisch und froh!

VI.

Den Siegeskranz des Christenthums aber errangen die Böhmen im 13. Jahrhundert, als die Tartaren und Mongolen Europa mit einer neuen Völkerwanderung bedrohten. Diese Horden hatten sich bereits Asien vom japanischen bis zum schwarzen Meere unterworfen, und wälzten sich nun, wie ein verheerender Strom, nach Europa. Die unter sich un= einigen Russen konnten ihnen nicht widerstehen. Es fiel eine russische Stadt nach der andern, Räsan, Moskau, Suzdal, Wladimir, Perejaslawl, Černigow, endlich auch das altberühmte Kiew. Aber auch das polnische Krakau fiel, und wurde eingeäschert. Europa begann zu zittern. Da war es König Wenzel I., welcher die Fürsten Westeuropa's zum gemein= schaftlichen Widerstande aufforderte, und selbst die kräftigsten Anstalten traf, um wenigstens sein Land vor der fremden Rohheit zu schützen. Ein Theil der asiatischen Horden zog die Oder hinab, wo ihm die Polen unter Herzog Heinrich dem Frommen von Breslau, der König Wenzels I. Schwester zur Gemahlin hatte, bei Liegnitz erlagen, 30,000 Kämpfer auf dem Wahlplatz lassend. Ein anderer Theil, durch den ersten, nicht weiter nördlich ziehenden, verstärkt, brach gegen Böhmen vor, versuchte aber drei Wochen lang vergebens, bei Glatz durchzubringen, von König Wenzel I. standhaft zurück gewiesen. Diese Thatsache bestätigt Kaiser Friedrich II. selbst in einem Schreiben an den König von England, 3. Juli 1241: „Secunda (pars) Bohemiae fines ingressa est et aggressa substitit, rege illius terrae cum suis comitibus viriliter occurrente." Nun wälzte sich die Masse der Asiaten nach Mähren und gegen dessen Hauptstadt Olmütz. Hierher aber war von König Wenzel I. Jaroslaw von Sternberg gesandt worden, ein Ahn des noch jetzt blühenden Geschlechtes der Grafen von Sternberg, das sich durch seinen gelehrten Kaspar auch in der neuesten Zeit um Böhmen und die gebildete Welt überhaupt unsterbliche Verdienste erwarb. Jaroslaw schlug alle Stürme der Asiaten heldenhaft zurück, überfiel sie zuletzt plötzlich in ihrem Lager, tödtete ihren Oberanführer mit eigener Hand, und wurde so der Retter Mährens, Böhmens, Westeuropa's. Auch als die Tartaren und Mongolen von Ungarn aus, wo früher die dritte und zwar Hauptabtheilung derselben nach ihrem Durchbruche durch die Kar= pathen König Bela IV. geschlagen und bis auf die adriatischen Inseln zu fliehen genöthigt hatte, durch Oesterreich bis vor Korneuburg, Wien und Wienerisch=Neustadt rückten, waren es Böhmen unter der persön= lichen Anführung ihres Königs, welche sie vertreiben halfen.

Diese Epoche in der böhmischen Geschichte wird von einer böhmischen Dichtung des 13. Jahrhunderts mit dem Titel „Jaroslaw" gefeiert, die, ein vollständiges und zwar meisterhaftes Epos in nuce, mit so lebendigen Farben schildert, wie tief die Böhmen von dem Werthe und der Bedeutung, dem himmlischen Adel des Christenthumes durchdrungen waren, daß sie hier mit dem vollsten Rechte angeführt zu werden verdient.

Schon haben, wie die Dichtung erzählt, die Tartaren unter Chan Kublaj die russischen Reiche Kiew und Nowgorod überwältigt, schon sind ihnen die Ungarn erlegen, und auch die Polen vermögen ihnen nicht zu widerstehen. Da stürmen die Tartaren bis gegen Olmütz heran. Vor ihren zahllosen Schaaren müssen auch hier die Christen weichen, wie tapfer sie kämpfen, und ziehen sich, Rettung suchend, auf den Hügel Hostajnow zurück, wo sich ein Wunderbild der Mutter Gottes befindet. Neuermuthigt schlagen sie von diesem heiligen Orte aus einen wüthen-den Angriff der Tartaren ab; doch als sie nach des Tages Anstrengung ihren Durst stillen wollen, fehlt es an Wasser. Mit trockenem Gaumen lecken sie den Thau vom Grase. Allein des folgenden Tages brennt die Sonne furchtbar heiß hernieder; sie sind in Gefahr, vor Durst zu ver-schmachten; der Wassermangel treibt sie bis zur Verzweiflung, und schon räth ihnen Weston, einer des Heeres, sich lieber den Tartaren zu er-geben. Da erhebt sich Wratislaw, ein anderer des Heeres, in hei-ligem Zorne:

> „Auf fährt Wratislaw, dem hitz'gen Ur gleich,
> Faßt den Weston an den starken Armen,
> Ruft: Verräther, ew'ger Christenschandfleck!
> Ins Verderben willst du Wackre stürzen?
> Gnade hofft man wohl von Gott mit Ehren,
> Doch von wilden Tátarn nicht, in Knechtschaft.
> Brüder, rennet nicht in euer Unglück!
> Ueberstanden ist die ärgste Schwüle;
> Gott verlieh uns Kraft in Mittagsgluthen,
> Er schickt Hülfe, wenn wir ihm vertrauen.
> Schämet euch, ihr Männer, solcher Reden,
> Wollet ihr, daß man euch Helden heiße!
> Geh'n vor Durst wir auf der Höh' zu Grunde,
> Dann trifft uns ein Tod, den Gott verhängt hat:
> Wenn wir uns den Feinden feig ergeben,
> Ueben schnöden Mord wir an uns selber.
> Gräuel ist die Knechtschaft Gott dem Herren,
> Sünde, selbst sich unter's Joch zu beugen!
> Mir nach, Männer, die ihr also denket,
> Folgt mir vor den Thron der Gottesmutter!"

Ergriffen werden alle Hörer von diesen gewaltigen Worten christ-lichen Ehrgefühls, das sich nicht leicht edler aussprechen kann, und sie folgen dem Redner, nicht um von wilden Barbaren, sondern um von Gott Erbarmen zu erflehen:

„Und sie folgten ihm zu der Kapelle:
Herr, ersteh' in deinem heil'gen Zorne,
Und erheb' uns über unsre Dränger,
Hör' die Stimmen, die zu dir jetzt rufen!
Rings umstellt sind wir von grimmen Feinden,
Rett' uns aus der wilden Tátarn Schlingen,
Und gib Labung unsren Eingeweiden:
Preis und Dank dafür soll dir erschallen!
Tilg', o Herr, den Feind in unsren Landen,
Raff' ihn weg für alle künft'ge Zeiten!"

Und Gott erhört das inbrünstige Flehen; er sendet Hülfe aus des Himmels Wolken, er sendet Hülfe aus der Erde Gauen:

„Siehe, und am Himmel kommt ein Wölkchen!
Winde wehen, mächt'ger Donner rollet,
Finstre Nacht umzieht den ganzen Himmel,
Blitze schlagen in der Tátarn Zelte,
Reicher Guß belebt des Berges Quelle.

Und es weicht das Wetter. Kriegerreihen
Strömen her aus allen Landen, Gauen,
Gegen Olmütz wehen ihre Banner.
Starke Schwerter hangen an den Seiten,
Um die Schultern rasseln volle Köcher.
Helme funkeln ihnen auf den Häuptern,
Unter ihnen springen flinke Rosse.
Und der Hörner Klänge, sie ertönen,
Und der Pauken dumpfer Laut erschallet."

Eine gräßliche Schlacht entbrennt, deren Wechselfälle in ein eng-umrahmtes, aber mit den mannigfaltigsten Zügen versehenes Bild zu-sammen gedrängt sind:

„Die zwei Heere prallen an einander:
Es erhebet sich ein Staubgewölke,
Und gar gräßlich war der Kampf am Ende.
Rings Geklirr, Gerassel scharfer Schwerter,
Fürchterlich Gezisch geglühter Pfeile,
Lanzenkrachen, Sausen schneller Speere.
Und da war ein Stechen und ein Metzeln,
Und da war ein Aechzen und ein Jauchzen!
Blut entströmet, wie in Regenbächen,
Leichen liegen rings, wie Stämm' im Walde.
Diesem ist das Haupt entzwei gespalten;
Dem sind beide Hände abgehauen;
Jener stürzt vom Rosse auf den andern;
Der da wüthet im Gewühl der Feinde,
Wie der Sturm auf Bergen unter Bäumen,
Bohrt an's Heft das Schwert in Feindesbusen;
Dem dort mäht ein Tátar grimm das Ohr ab.

Doch wehe! Das Glück scheint den christlichen Kämpfern dennoch nicht gewogen; sie sind der Ueberzahl der unchristlichen Feinde nicht gewachsen, sie müssen weichen, sie sind verloren, wenn nicht ein Retter besonderer Art erscheint:

> Ha welch Tosen, welch ein Klagestöhnen!
> Doch zur Flucht jetzt wenden sich die Christen,
> Und die Tátarn drängen hinter ihnen."

Und erscheint er, dieser Retter besonderer Art? Ja, er zeigt sich, beschrieben wie ein höheres Wesen, das plötzlich eingreift in des Schicksals vernichtendes Rad; er stürmt an der Spitze der Seinigen, an der Spitze der Böhmen unwiderstehlich einher, und bringt Erlösung, Heil und Segen:

> „Da, ein Aar, kommt Jaroslaw geflogen,
> Harten Stahl auf seinem mächt'gen Busen,
> Unterm Stahl das tapfre Herz voll Kühnheit,
> Unterm Helm das scharfe Feuerauge;
> Zornesflammen sprüh'n aus seinen Blicken.
> Wuthentbrannt, gleich dem gereizten Leuen,
> Wenn er irgend warmes Blut gewahret,
> Wenn getroffen er dem Jäger nachstürzt:
> So fliegt Jaroslaw, und in die Tátarn,
> Ihm die Böhmen nach, ein Hagelwetter.
>
> Und los stürmt er auf den Sohn des Kublaj,
> Und ein grausenvoller Kampf beginnet.
> Mit den Lanzen stoßen sie zusammen,
> Beide Lanzen splittern unter Krachen.
> Jaroslaw, in Blut mit seinem Rosse,
> Schwingt das Schwért nun auf den Sohn des Kublaj,
> Spaltet von der Schulter ihn zur Hälfte —
> Eine Leiche sinkt er zu den Leichen,
> Daß sein Köcher und sein Bogen dröhnet.
>
> Da erschrickt das wilde Volk der Tátarn,
> Wirft hinweg die klafterlangen Spieße,
> Alles rennt, was nur vermag zu rennen,
> Rennt dorthin, woher die Sonne aufgeht,
> Und befreit vom Drangsal war die Hanna!

(Hanna heißt der äußerst fruchtbare Theil Mährens, der sich an der Hanna, einem rechten Nebenflusse der March, ausbreitet).

VII.

Während dieser Zeit ihrer christlichen Entwickelung gelangten die Böhmen, indessen ihre Stammverwandten im Norden Land, Freiheit und Leben verloren, und im Süden einem ähnlichen Schicksal unterlagen, auch zu politischer Macht und Bedeutung. Udalrich bereitete für Böhmens Fürsten den Besitz der deutschen Kurfürstenwürde vor. Durch seinen Sohn Břetislaw I., den schon (Blick V.) erwähnten böhmischen Achilles, brachte er Mähren, das nach der Auflösung des großmährischen Reiches Böhmen zugefallen, später aber in die Gewalt Ungarns gerathen war, wieder an Böhmen, so wie Břetislaw, als er nach des Vaters Tode den Thron bestiegen, auf seinem Siegeszuge gegen die Polen Schlesien zinsbar machte. Wratislaw II. und Wladislaw II. erwarben durch die den deutschen Kaisern Heinrich IV. und Friedrich I. in Italien geleisteten wichtigen Dienste die persönliche Königswürde, bis sie durch Přemysl Otakar I. bleibend an Böhmen kam. Přemysl Otakar II., im Westen der Pracht wegen, die er entfaltete, der goldene, im Osten der großen Siege wegen, die er erfocht, der eiserne König geheißen, dehnte sein Reich vom adriatischen Meere bis zur Ostsee aus, wo er das nach ihm benannte Königsberg gründete, bis er auf dem Marchfeld den mit siebenzehn Wunden gekennzeichneten Heldentod starb. Nach seinem Falle erholte sich Böhmen so schnell, daß sein Sohn Wenzel II., der bereits mit dem Gedanken umging, in Prag eine Hochschule zu gründen, nicht nur die Krone von Böhmen, sondern auch die von Polen trug, und die ihm gleichfalls angebotene Krone von Ungarn für seinen Sohn Wenzel III. in Anspruch nahm; allein Wenzel II., schwächlichen Leibes, sank frühzeitig zu Grabe, Wenzel III. endete rasch durch unbekannte Mörderhand, und mit ihm erlosch der männliche Stamm der Přemysliden 1306.

Aufgehalten auf seiner politischen Bahn wurde Böhmen durch die Kämpfe, die in Folge des von Břetislaw I. gegebenen Senioratsgesetzes zwischen den Prinzen des regierenden Hauses ausbrachen, und, ähnlich den Kämpfen zwischen der rothen und weißen Rose Englands, das Land fast ein Jahrhundert lang innen zerrütteten, während sie es nach außen bloßstellten. Ein anderes Hinderniß lag in der Beschaffenheit der Přemysliden, deren Geschlecht wohl reich an edlen Charakteren und tapferen Kriegern war, doch keine Staatsmänner hervor brachte, die sich mit den deutschen Kaisern an weitsehendem Scharfblick und energischer Consequenz hätten messen können, in welchem Falle sie den Norden und Osten wahrscheinlich mehr beachtet haben würden. Auch scheint es, als ob ein waltendes Schicksal dagegen gewesen wäre, daß sich Böhmen zu einem größeren selbstständigen Ganzen ausbilde; denn so oft ein Anfang dazu geschah, wie unter Přemysl Otakar II. und später unter Karl IV., so oft zerschlug sich der Anfang plötzlich und unversehens.

Uebrigens ist unverkennbar, daß in dem Volke selbst trotz seiner Kampftüchtigkeit kein eigentlicher Drang waltete, eine politische Gebieter= rolle zu spielen. Es begehrte hauptsächlich darnach, sich bei seiner in= neren Lebensfülle nach den von Gott in dasselbe gelegten Gesetzen und den von seinen Altvordern überkommenen Einrichtungen ungepreßt und ungeklemmt organisch zu entwickeln; daher überwachte es die freundlichen Verhältnisse, in welchen seine Herrscher zu den deutschen Kaisern standen, mit ängstlicher Aufmerksamkeit, Gefahr darin besorgend für seine Unab= hängigkeit und Individualität, glaubte aber andern Theils für seine Sicherheit genug gethan zu haben, wenn es Angriffe nur zurückwiese. Wie wenig es solche Angriffe auch von stammverwandter Seite duldete, bezeugt eine Dichtung des 11. Jahrhunderts, welche die Ueberschrift „Jaromír und Udalrich" führt. Boleslaw der Tapfere von Polen hatte sich damals Böhmens unter Boleslaw III. nichtswürdiger Regie= rung bemächtigt. Bald jedoch wurden die Böhmen ungeachtet der her= vorragenden Eigenschaften Boleslaws von Polen der polnischen Botmä= ßigkeit überdrüssig. Boleslaws III. Brüder, Jaromír und Udalrich, ge= winnen, wie das Gedicht erzählt, starken Anhang im Lande, und in den Wäldern, die sich zum Theil noch jetzt auf der linken Seite der Moldau gegen Prag erstrecken, sammeln sich des Nachts die böhmischen Schaaren, um die Polen beim ersten Schein des Morgens in Prag zu überrumpeln:

> „Und sie kamen in des Waldes Mitte,
> Reichten in der Runde sich die Rechte,
> Sprachen leisen Lautes mit einander.
>
> Ueber Mitternacht schon vorgerücket
> War die Zeit, dem Morgengrauen nahend.
> Da spricht Wyhoň zu dem Fürsten Ulrich:
> O vernimm mich Fürst, du hochberühmter!
> Kraft verlieh Gott allen deinen Gliedern,
> Klugen Sinn verlieh er deinem Haupte,
> Führ' uns gen die Polen denn, die schlimmen!
> Wo du hinwillst, ziehn wir, rechtshin, linkshin,
> Vor dir, hinten, in die wildsten Kämpfe.
> Auf, empor mit heldenkühnen Herzen!
>
> Faßt der Fürst mit mächt'ger Hand die Fahne:
> Mir nach, mir nach, muthig auf die Polen,
> Auf die Polen, unsres Landes Dränger!
> Und ihm nach schnell stürzen acht Wladyken,
> Und mit ihnen vierthalbhundert Krieger,
> Auserlesen tapfre Krieger, dorthin,
> Wo im Schlaf der Polen Schaaren liegen.

Schön ist die Scene, welche sich eröffnet, als das Befreiungsheer im Morgengrauen auf dem Lorenzberge anlangt, der sich uns, die wir auf dem Wyšehrad stehen, gegenüber auf der linken Moldauseite, jetzt mit Gärten und Villen bedeckt, ausbreitet, und eine entzückende Aussicht über Prag bis in weite Fernen gewährt:

> „Oben halten sie am Rand des Waldes:
> Sieh, da ruhet Prag im Morgenschlummer,
> Nebel dampfen ob dem Moldauflusse,
> Hinter Prag erblauen ferne Berge,
> Hinter ihnen schwebet Frühlichtsschimmer.“

Wie gelangen aber die Schaaren von der linken auf die rechte Seite der Moldau, wo sich die von den Polen besetzte heutige Altstadt erhob, mit der linken Seite durch eine Brücke verbunden, eine Vorläuferin der jetzigen vielbewunderten Karlsbrücke?

> „Abwärts steigen sie. Rings alles stille.
> Und sie bergen klug im stillen Prag sich,
> Hüllen ihre Waffen in die Mäntel.
>
> Drüben kommt ein Hirt im Morgendämmern,
> Ruft empor, daß man das Thor ihm öffne.
> Und die Wache hört des Hirten Rufen,
> Und erschließt das Thor ihm nach der Moldau,
> Auf die Brücke tritt der Hirt, laut bläst er.
>
> Und es springt der Fürst auch auf die Brücke,
> Sieben der Wladyken nach sammt Mannen.
> Donnerlaute hallen vor den Pauken,
> Schmetternd tönen der Trompeten Klänge;
> Auf die Brücke pflanzt das Heer die Fahne,
> Unter seinem Schwall erbebt die Brücke,
> Und der Schrecken fährt in alle Polen.“

Und unter furchtbarem Lärm und schmetterndem Pauken= und Trompetenschall stürmen nun die Böhmen in die Stadt, die noch vom Schlaf betäubten Polen wissen sich nicht zu fassen und weichen, ein glänzender Sieg wird errungen, und Jaromír, der ältere Bruder, wird auf den Thron gesetzt:

> „Doch die Polen greifen zu den Waffen,
> Die Wladyken führen mächt'ge Streiche;
> Hierhin, dorthin rennen da die Polen,
> Drängen durch die Gräben sich zum Thore,
> Rennen weiter vor den tapfren Streichen.
>
> Ha und Sieg verlieh Gott, Sieg dem Heere!
> Eine Sonne glänzt am ganzen Himmel,
> Jaromir ob allem Lande wieder.
> Da verbreitet durch ganz Prag sich Freude,

Freude, fie verbreitet rings um Prag fich,
Und durchs ganze Land hin flieget Freude,
Rings durchs Land aus Prag, dem freudenvollen."

Andere Nachrichten geben die Umstände des Angriffs anders an; doch ändert dies an der Hauptsache nichts.

VIII.

Ich habe schon (Blick IV.) darauf hingewiesen, wie Böhmen anfänglich unter dem Einflusse des Ostens stand. Dieser Einfluß wurde allmählig schwächer, als sich zwischen die Westslawen und das griechische Kaiserthum die damals noch ganz uncivilisirten Magyaren (nicht indoeuropäischen Stammes) lagerten, als sich die griechische Kirche von der römischen schismatisch trennte, und als die Russen später sammt ihrer aufblühenden, von Byzanz aus gehobenen Cultur auf dritthalb Jahrhunderte der Despotengewalt der Tartaren und Mongolen verfielen. Der Einfluß des Ostens wurde in Böhmen nach und nach von dem Einflusse des Westens überwogen. Unschätzbar war die Wohlthat, zumal nach der Lockerung des Verbandes mit dem Osten, daß die Keime des Christenthums aus dem Born des Westens getränkt wurden, obwohl sich die Böhmen durch Erwerbung eines eigenen Bisthums (973) frühzeitig minder abhängig zu machen suchten. Das Latein occupirte, wie in anderen westeuropäischen Ländern, das Feld der Gelehrsamkeit und der Diplomatie, und Cosmas († 1125), von dem die älteste Geschichte Böhmens übrig, schrieb diese Geschichte lateinisch, so wie die ältesten historischen Urkunden in lateinischer Sprache verfaßt sind. Deutsches Wesen fand besonders unter König Wenzel I. und seinem Sohne Přemysl Otakar II. Eingang. Da wurden deutsche Niederlassungen in Städten (in ganzen Bezirken erfolgten sie erst nach dem dreißigjährigen Kriege) begünstigt, die deutschen Gewerbs- und Handelsgeist, deutsches Stadtrecht und deutsche Sprache in das Land brachten. Einzelne adelige Familien legten sich deutsche Namen bei, und deutsche Poesie wurde am königlichen Hofe gastlich gepflegt; ja Wenzel I. (nicht Wenzel II., was erwiesen ist) soll sogar selbst deutsche Minnelieder verfertigt haben, weßhalb er auch zu den deutschen Minnesängern gezählt wird. Gleichwohl wäre es übereilt, hieraus auf ein damaliges Aufgehen des böhmischen Volksgeistes im deutschen Elemente zu schließen. Böhmen wurde durch diese Vorgänge eben so wenig deutsch, als Preußen durch die Begünstigungen, die Friedrich der Große dem französischen Elemente angedeihen ließ, französisch wurde. Den schlagendsten Beweis liefert die Blüthe,

zu welcher sich die böhmische Literatur gleich darauf unter den Luxem=
burgern, besonders in dem poetisch=philosophisch=religiösen Ritter Tho=
mas von Stitné und in dem humoristisch=genialen Herrn Smil
von Pardubic, entfaltete, und Dalemil's Wuth, womit er in
seiner gereimten Chronik aus dem 14. Jahrhundert das Deutschthum
angreift, bezeugt nur, wie wenig noch der böhmische Volksgeist geeignet
war, um fremdes Gewicht daheim auch nur zu dulden, bis er im Huf=
sitenkriege, der nicht bloß religiösen, sondern auch nationalen Charakter
an sich trug, werkthätig auftrat. Hiermit aber soll ein mannigfach an=
regender Einfluß Deutschlands auf Böhmen durchaus nicht in Abrede
gestellt werden. Böhmen, wie sehr es durch seine Berge und Wälder
von der Außenwelt abgeschlossen war, und von der Natur gleichsam dazu
gemacht schien, um eine Art von Sonderlingen zu erziehen, es war
durch seine geographische Lage an Deutschland gebunden, und konnte sich
seinem Einflusse um desto weniger entreißen, je mehr es mit demselben
in Berührung kam. Nur würde man sich gleichfalls wieder irren, wenn
man annähme, das böhmische Volk habe sich bei diesem Einflusse passiv
verhalten, und habe ihn nicht vielmehr mit der ganzen Activität seines
damals noch lebensfrischen, vollkräftigen Geistes eigens verarbeitet, gleich=
wie das deutsche Volk die Einflüsse, die ihm bei seiner Weltrolle aus
Italien, aus dem Orient, überallher zuströmten.

Ein Beispiel, wie sich der böhmische Geist fremder Erscheinungen
zu bemächtigen, und sie auf seine Weise wieder zu geben wußte, findet
sich an der aus dem 13. Jahrhundert rührenden Dichtung „Ludiše
und Lubor," welche ein Turnier, jenes ritterliche Schauspiel feiert,
das erst unter König Wenzel I. aus Deutschland nach Böhmen gelangte.
Sie beginnt also:

> „Hört ihr Alten und ihr Jungen,
> Hört von Kämpfen und Turnieren!
> War ein Fürst einst hinterm Elbstrom,
> Reich und gut und hochgerühmet;
> Hatte eine einz'ge Tochter,
> Ihm und allen werth und theuer.
> Und gar lieblich war die Tochter:
> Wundervoll gewachs'nen Leibes,
> Hatte blendendweiße Wangen,
> Auf den Wangen blühten Rosen;
> Augen strahlend, wie der Himmel,
> Und den weißen Nacken nieder
> Wallten langhin goldne Haare."

Da ladet der Fürst alle seine Edlen weit und breit zu einem Fest=
mahl auf seine Burg, und als sie nun erschienen sind, sich unter Trom=
peten= und Paukenschall vor dem Fürsten, der Fürstin und der holden
Fürstentochter verneigt haben, hinter langen Tafeln Platz genommen,

und mit Wild und Honigtrank bewirthet worden, erhebt sich der Fürst, und spricht zu ihnen:

> „Männer, es wird euch bekannt sein,
> Warum ihr hierher gekommen?
> Wackre Männer, will erproben,
> Welche wohl von euch die besten.
> Krieg im Frieden gilt's zu rüsten,
> Freunde nicht sind uns die Nachbarn.‟

Schnell sind die Wackeren bereit, dem edlen Fürsten zu willfahren. Auf weiter Wiese vor einem prächtigen Balcon, auf welchem der Fürst, die Fürstin und die holde Fürstentochter sammt dem ganzen Hofstaate sitzen, wird das Turnier eröffnet. Zuerst tritt auf des Fürsten Geheiß Strebor in die Schranken und kämpft mit Ladislaw, dann auf der Fürstin Wort Serpoš und kämpft mit Spitibor; den Herausforderer für den dritten Kampf zu bestimmen, überläßt der Fürst seiner Tochter, der holden Lubiše. Sie bestimmt Lubor. Begeistert unterzieht sich Lubor dem Auftrag derer, die seinem Herzen wahrscheinlich näher steht, als jedes andere weibliche Wesen auf Erden, und seine Begeisterung verleiht ihm Kraft, durch Ueberwindung von drei Gegnern den Siegeskranz zu erringen, den Siegeskranz von Eichenlaube, den ihm Lubiše reicht:

„Lubor fordert Bolemiren.
Beide steigen sie zu Rosse,
Nehmen scharfgespitzte Lanzen,
Springen hurtig in die Schranken.
Und sie zielen auf einander,
Und sie rennen jetzt zusammen;
Bolemir stürzt von dem Rosse,
Weit entfliegt sein Schild mit Dröhnen,
Knechte tragen ihn vom Kampfplatz.
Pauken und Trompeten schallen.

Lubor fordert nun den Ruboš.
Ruboš schwingt aufs Roß sich eilig,
Rennt im Fluge gegen Lubor;
Lubor haut entzwei die Lanze,
Hauet nach dem Helm des Gegners,
Und zurück vom Roß stürzt Ruboš,
Knechte tragen ihn vom Kampfplatz.
Pauken und Trompeten schallen.

Lubor ruft nun zu den Edlen:
Wem's beliebt, mit mir zu kämpfen,
In die Schranken mög' er kommen!
Da besprechen sich die Herren,
Lubor harret in den Schranken.
Lange Spieß' erhebet Zdeslaw,
Auf dem einen droht ein Stierhaupt;

Schwingt sich auf sein Roß, das muth'ge,
Spricht mit übermüth'gen Worten:
Einen Ur erschlug mein Ahnherr,
Manchen Feind vertrieb mein Vater,
Fühl' denn Lubor meine Stärke!

Und sie rennen auf einander,
Prallen Haupt an Haupt zusammen,
Stürzen beide von dem Rosse;
Hurtig zücken sie die Schwerter,
Kämpfen hitzig jetzt zu Fuße,
Schwingen mächtig ihre Schwerter,
Daß die Streiche rings erdröhnen.
Da naht Lubor von der Seite,
Hauet nach dem Helm des Gegners,
Daß er in zwei Stücke springet;
Hauet nach dem Schwert des Gegners,
Daß es aus den Schranken flieget,
Und zu Boden stürzet Zdeslaw.
Pauken und Trompeten schallen.

Und die Herren nehmen Lubor,
Führen ihn dahin zum Fürsten,
Zu der Fürstin, zu Lubišen;
Und Lubiše reicht den Kranz ihm,
Ihm den Kranz von Eichenlaube,
Und Trompet' und Pauke schallt.

IX.

Von den bisher angeführten Dichtungen bilden 1) Čestmír und Wlaslaw, 2) der Kukuk, 3) die Verlassene, 4) der Hirsch, 5) Zaboj und Slawoj, 6) Jaroslaw, 7) Jaromír und Udalrich und 8) Ludiše und Lubor nebst mehreren anderen hier nicht angeführten den Inhalt der königinhofer Handschrift, welche der Bibliothekar des Museums des Königreiches Böhmen Wenzel Hanka im J. 1818 zu Königinhof, einer Stadt vier Meilen nördlich von Königgrätz, in einer Kammer an der dortigen Kirche unter verworfenen Papieren und alten Pfeilen ent=deckte und vom nahen Untergange rettete. Die Sammlung der ihrem Ursprunge nach bis in die grauesten Zeiten hinauf reichenden Dichtungen fällt, wie aus der Schrift ersichtlich, in das Ende des 13. und den Anfang des 14. Jahrhunderts. Diese Handschrift ist nebst mehreren anderen Ueberresten, als: dem höchst merkwürdigen (Blick I. angeführten) Gericht Libuša's, dem (Blick V. angeführten) Kirchenliede: „Herr, dich über uns erbarm'," einem Bruchstück des Evangeliums Johannis, einem Psalter u. s. w. das älteste böhmische Literatur=denkmal. Sie ist bisher nicht nur in beinahe alle slawische Dialekte, sondern auch ins Italienische, Französische, Englische und mehrmals ins Deutsche übertragen.

Groß ist ihre Wichtigkeit, für die Böhmen von nicht geringerer Wichtigkeit, als für die Deutschen die Nibelungen und Gudrun. Sie beleuchtet die ganze Periode der Přemysliden, wenn auch nur mit ein=zelnen, so doch mit lichten, lebendigen Strahlen, so daß wir das böh=mische Volk in verschiedenen Stadien seiner Entwicklung mit seiner Denk= und Handlungsweise, seinen Sitten und Gebräuchen, seinen Tugenden und Gebrechen vor uns erblicken. Und sie enthält nicht etwa wilde Ergüsse einer ungeschlachten, barbarischen Natur; es sind bei einiger verzeihlichen Gereiztheit nationaler Empfindung menschenwürdige Ideen, die sich mit Schönheitssinn in ihr aussprechen, gekrönt von zweien der höchsten, für die der Mensch entbrennen kann, den Ideen der Religion und des Vaterlands. Dabei läßt sie, wenn auch nur mit den Trüm=mern eines weitläufigen Pallastes vergleichbar, auf den Reichthum der damaligen poetischen Erzeugnisse schließen. Die ganze Sammlung bestand nehmlich aus drei Büchern, wie man aus den Titeln der übrig geblie=benen Kapitel, von denen das 26, 27 und 28 des dritten Buches ge=nannt werden, mit Sicherheit entnehmen kann. Enthielt also jedes der fehlenden 25 Kapitel bloß 2 Gedichte, welche Annahme wohl die ge=ringste ist, so gingen bloß von dem dritten Buche 50 Gedichte verloren. Und doch war dies nur eine Sammlung, die wahrscheinlich jemand eben nach seinem Geschmacke zu seinem Privatvergnügen veranstaltete,

die also einen weit größeren Sammlungsstoff voraussetzt. Zugleich lie=
fert die Handschrift ein unwiderlegliches Zeugniß, daß die böhmische
Poesie keine von außen her entlehnte, einer fremden nachcopirte, sondern
einheimische Originalpoesie war, die sich selbst von der Dichtungsweise
der übrigen slawischen Stämme unterschied; und combinirt man die
Handschrift mit den Literaturproducten der späteren Perioden, so zeigt
sich, daß die böhmische Literatur, wie vieler Samenstaub auch aus dem
unter den schwäbischen Kaisern reich aufgewachsenen Garten der Deutschen
in sie hinüber geflogen sein mag, dennoch unter den Luxemburgern,
vollends in den Hussitenzeiten, ihre eigenthümlichen Früchte trug, und
daß sie unter den Habsburgern fortblühte, bis sie in der Schlacht auf
dem weißen Berge bei Prag für zwei Jahrhunderte dahin starb.

Doch diese Betrachtung mahnt uns, daß wir den altehrwürdigen
Wyšehrad verlassen, und den Hradschin besteigen, um eine neue Aussicht
zu gewinnen. Auf den Hradschin also, indem wir von unserem frühe=
ren Standpunkte bloß noch mit einem aus dem 12. Jahrhundert rüh=
renden Minneliede Abschied nehmen wollen:

„Ha du unsre Sonne,
Feste Wyšehrad!
Kühn und stolz ragst du
Auf steiler Höhe,
Ragst auf dem Felsen,
Allen Feinden ein Schreck!
Unter dir rollet
Der schnelle Fluß hin,
Rollet der Wletawa
Frische Fluth hin,
Und an der hellen
Wletawa Borde
Wächst üppig Strauchwerk,
Lieblicher Kühlung voll.
Da singet die kleine
Nachtigall munter,

Singet auch traurig,
Wie Freude das Herz ihr
Oder Schmerz bewegt.
Wär' ich die Nachtigall
Im grünen Buschwerk:
Eilig entflög' ich
Dorthin, wo die Theu're
Wandelt im Abendgrau!
Allherrschend ist Liebe,
Und was da athmet,
Fühlet in heißem
Drange ihr Wehe.
Nach dir ach, du Süße,
Sehn' ich Aermster mich:
O sei mir hold!

Blick vom Hradschin.

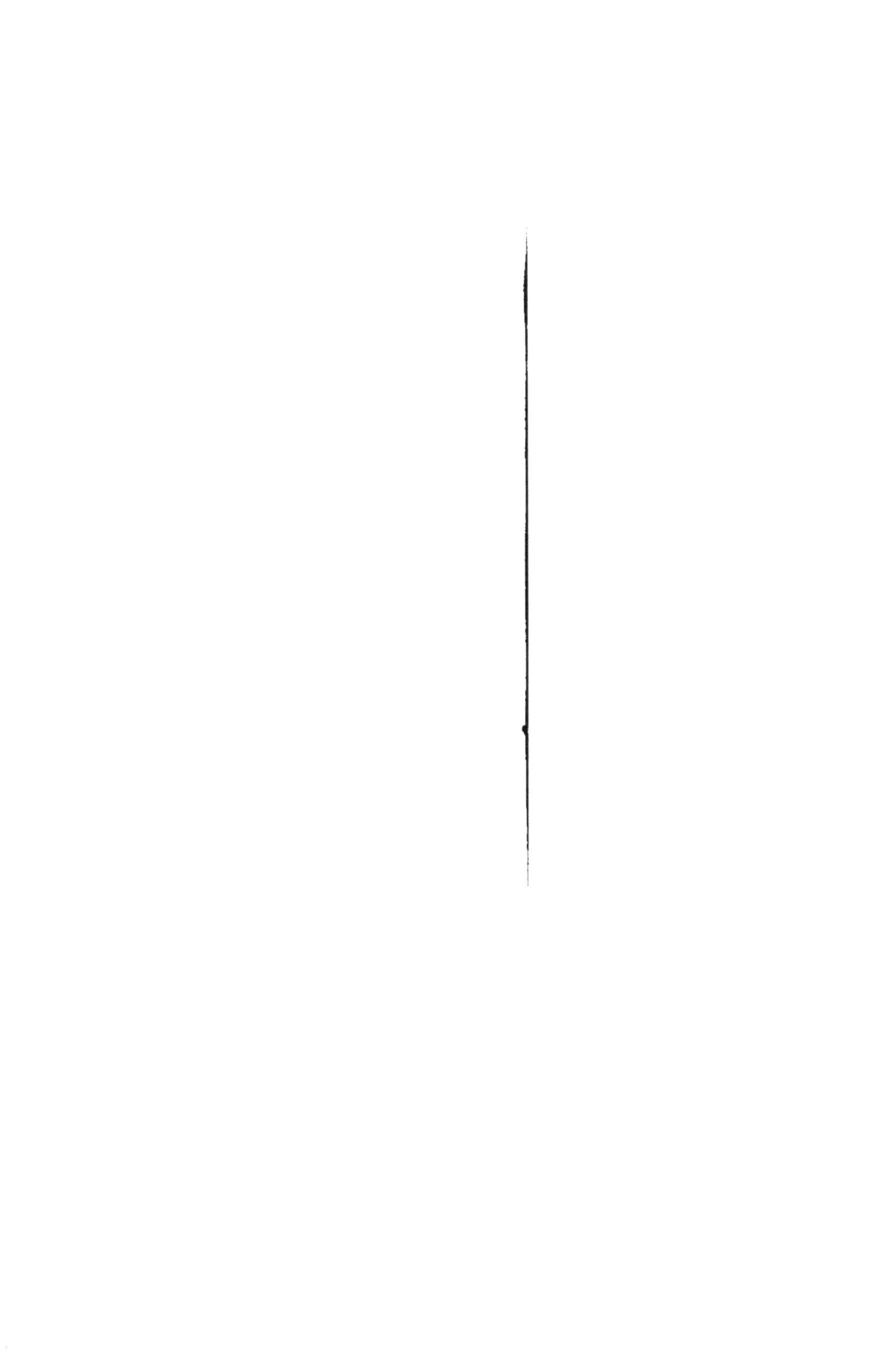

I.

So stehen wir denn auf dem mit der königlichen Burg, dem Sct. Veitsdom, dem fürsterzbischöflichen Pallaste, den Wohnungen des Dom- probstes und der Domherren, dem Fürst=Schwarzenbergischen Palais, Kirchen, Klöstern und anderen stattlichen Gebäuden prangenden Hradschin. Wir stehen an der Brüstung, von welcher aus sich der größte Theil von Prag unseren Blicken darstellt. Bergab entfaltet sich die Kleinseite; dann schlingt die von der Ketten=, der Steinbrücke und dem dresdner Eisen- bahnviaduct überwölbte Moldau ihr breites Silberband dahin; jenseits breitet sich die Alt= und Neustadt aus, auch der von uns verlassene Wyšehrad winkt herüber — Thurm an Thurm, Giebel an Giebel, ein unabsehbares Häusermeer. Und verfügen wir uns auf den mit dem Hrad- schin zusammenhängenden, mit Gärten und Villen geschmückten Lorenz- berg, etwa auf die Stelle, wo Jaromírs und Udalrichs Befreiungsheer (f. Wyšehrad VII.) Prag überschauten, dann erweitert der Horizont sich meilenweit, und uns begrüßt auch der alte Říp oder Georgsberg (f. Wy- šehrad I.) und die kuppenreiche Kette des Mittelgebirges und das Iser- gebirge. Wer könnte auf diesen Punkten stehen, und wollte nicht beken- nen, daß Prag in der That eine königliche Stadt sei!

Wie der Hradschin und Lorenzberg höher, als der Wyšehrad, und die Aussicht von ihnen weiter, so erhöhte und erweiterte sich auch die Macht und Bedeutung Böhmens unter den Luxemburgern, die nach den Přemysliden den böhmischen Thron bestiegen. Sie waren ein deut- sches Haus, durch Heinrich VII. im Besitz der deutschen Kaiserkrone. Politik knüpfte das Band zwischen Johann von Luxemburg, Hein- richs VII. Sohne, und der Prinzessin Elisabeth, Wenzels III. Schwester. Johann von Luxemburg war der böhmische Richard Löwenherz, mit gro- ßen Eigenschaften glänzend, aber überall mehr zu Hause, als in Böhmen. Seine Abenteuerlichkeit und Unheimathlichkeit sagten dem verständigen und heimathlichen Sinne des Volkes um so weniger zu, als er dabei Elisabeth, den Liebling des Volkes, vernachlässigte, und ungeheuere Geldsummen verschwendete. Doch verbreitete er den Ruhm der böhmischen Waffen über ganz Europa, da es beinahe keinen Strauß gab, bei dem er sich nicht betheiligt hätte, und verband die Lausitz und Schlesien mit der böhmischen Krone, bis er in der Schlacht bei Crech gegen die Engländer seinen Tod fand, indem er, obwohl schon auf beiden Augen blind, mit dem Ausrufe in die dichtesten Haufen der Feinde hinein sprengte: „Das verhüte Gott, daß Böhmens König vom Schlachtfeld wiche!"

Damals mußte sein Sohn Karl mit Gewalt von seiner Seite gerissen werden, der nach ihm den Thron bestieg. Mögen gewisse Geschichtschreiber diesen Karl bis in den Staub hinabziehen (ob sie es gerechter Weise thun, ist eine andere Frage, die hier nicht erörtert werden kann): würden ihn die Böhmen nicht zu den Sternen erheben, so wären sie das undankbarste Volk von der Welt. Wer baute an der Stelle, wo schon Herzog Wenzel der Heilige eine Kirche gegründet hatte, den majestätischen Sct. Veitsdom, der freilich jetzt nach dem Brande unter Ferdinand I. (1541) nur mit seiner halben Größe in das Land hinausragt? Wer führte die mit Thürmen befestigte Zackenmauer über den Lorenzberg, um in einem theueren Jahre den Dürftigen Gelegenheit zu geben, sich Brod zu verdienen? Wer wölbte die 1790 Fuß lange, 35 Fuß breite Steinbrücke mit ihren Riesenbogen über die Moldau dahin? Wer legte drüben zwischen der Altstadt und dem Wyšehrad einen neuen Stadttheil, die Neustadt, an sammt dem an ihrer äußersten Marke mit einer schönen Kirchenkuppel prangenden Karlshof, die Neustadt, die jetzt durch ihre geräumigen, freundlichen Straßen und Plätze eben so charakterisirt ist, als die Altstadt durch ihr mittelalterlich düsteres Aussehen, und die Kleinseite und der Hradschin durch ihre Kirchen, Klöster und Palläste? Wer erhob Prag zu dem Sitze eines Erzbischofs, dessen Würde sein vortrefflicher Freund Ernest von Pardubic zuerst bekleidete, und führte einen Gottesdienst ein, dessen Musik- und Gesangstücke das Herz noch heutigen Tags mit andächtigem Entzücken füllen? Wer verwirklichte König Wenzels II. Gedanken (s. Wyšehrad VII.) und gründete in Prag eine Hochschule für die Völker slawischen und deutschen Stammes, die Mutter der späteren deutschen Universitäten? Wer versah Prag mit Privilegien, um aus ihm einen Handelsplatz ersten Ranges zwischen dem Osten und Westen zu schaffen? Alles dies Karl! Wohin sich das Auge kehrt, überall Spuren von Karls Thätigkeit! Damals stiegen, indem auf dem Hradschin zwei reichvergoldete Thurmknäuse die Luft durchblitzten, täglich drei Sonnen über Prag empor, wie die Chronisten sagen.

Und unter Karl geschah noch mehr. Er hatte das Glück, auf einer Jagd die karlsbader Warmquellen zu entdecken, zu denen jetzt Kranke aus allen Welttheilen ihre Zuflucht nehmen. Er baute zur Aufbewahrung der Reichsinsignien Karlstein, und schmückte es mit den erlesensten Kunstdenkmälern. Er vervollkommnete durch Anpflanzung von burgunder

Reben den Weinbau, der noch gegenwärtig an der Elbe von Melnik bis Aussig blüht. Er vermehrte durch friedlichen Kauf die Länder der böhmischen Krone, so daß dieselbe Böhmen, das damals nach des Jesuiten Balbin Zeugnisse aus dem 17. Jahrhunderte 100 blühende Städte, 260 feste Burgen, 300 kleinere Städte und Flecken und über 30,000 Dörfern und Weiler zählte, ferner Mähren, Schlesien, die Lausitz und die Mark Brandenburg umfaßte, ein abgerundetes Ganzes von mehr als 3000 ☐Meilen bildend. Zudem brachte er für seine Person und seine beiden ihm nachfolgenden Söhne die deutsche Kaiserkrone an Böhmen, wegen welcher schon Přemysl Otokar II. mit dem Papste Unterhandlungen gepflogen hatte. Und so weit reichte seine Sorgfalt, daß er mit dem Hause Habsburg einen Erbvertrag schloß, vermöge dessen er bei seiner blühenden Nachkommenschaft hoffen konnte, daß einst die österreichischen Länder an Böhmen heimfallen würden.

So strebte er sein Böhmen, zwar nicht durch geräuschvolle Thaten des Krieges, doch durch die stillen Werke des Friedens zu beglücken und zu verherrlichen, eingebürgert unter seinem Volke, ein Gegenstück zu seinem Vater. Deßhalb lebt er in der Erinnerung bei Alt und Jung noch immer fort, und ihm, dem Vater des Vaterlandes, dem Gönner der Wissenschaft und Kunst, der zur Ausführung seiner Ideen einheimische Kräfte und fremde aus Deutschland, Italien und Frankreich benützte, der selbst eine hohe, vielseitige Bildung besaß (er schrieb auch sein eigenes Leben in lateinischer Sprache vom Jahre seiner Geburt 1316 bis zum Jahre seiner Wahl zum Kaiser 1346, von welchem Werke sich aber nur der bis zum Jahre 1341 reichende Theil erhielt, worauf es jemand Anderer ergänzte), ihm wurde in neuester Zeit bei der 500 jährigen Jubelfeier der prager Hochschule ein ehrendes Denkmal dort gesetzt, wo der Weg von der Altstadt über die von ihm gebaute Riesenbrücke auf die Kleinseite und den Hradschin führt, die sich im Hintergrunde imposant darstellen.

Doch wo Licht ist, dort auch Schatten. Ein Hauptfehler Karl I. als böhmischen Königs, IV. als deutschen Kaisers, war der, daß er seine Söhne aus zu großer väterlicher Zärtlichkeit nicht so erzog, daß sie tauglich geworden wären, sein begonnenes Werk fortzusetzen. So mußte der Vulkan, der bereits unter Karls Füßen zu wühlen anfing, bei der Tadelhaftigkeit des Clerus, bei der Disharmonie der mit allerlei Gebrechen behafteten weltlichen Stände, bei der wachsenden Unzufriedenheit der Böhmen mit dem Einfluß des deutschen Elementes endlich zum Ausbruch kommen. Uebrigens trat die Vorsehung selbst Karls weitgreifenden Plänen entgegen, indem sie seinen Stamm frühzeitig aussterben ließ; sie hatte Böhmen zu anderen Zwecken bestimmt.

II.

Was die böhmische Literatur betrifft, so konnte es nicht anders sein, als daß sie sich bei ihrer Lebenskraft zu einer Zeit, wo durch Karl geistige Kräfte der verschiedensten Art in Bewegung gesetzt wurden, reich und mannigfaltig entwickelte. Als ein Doppelgestirn an ihrem damaligen Horizonte glänzen Ritter Thomas von Stitné und Herr Smil von Parbubic, die schon (Wyšehrab VIII.) genannt wurden, und die wir deßhalb hier näher kennen lernen wollen, indem wir mit dem Ersteren, als dem in der Geschichte früher Auftretenden, beginnen.

Ritter Thomas von Stitné.

Thomas von Stitné wurde um das Jahr 1325 auf seiner väterlichen Feste Stitné im taborer Kreise geboren, und hier erhielt er auch seine erste Erziehung. Diese Erziehung scheint den Grund zu seinem ganzen künftigen Leben und Wirken gelegt zu haben. Durch sie wahrscheinlich, an der Seite zweier Schwestern, in der unmittelbaren Aufsicht und Pflege sorgsamer Eltern und einer zärtlichen Großmutter, sog er jene häuslichen Tugenden ein, die ihn später als Gatten und Vater zierten, so daß es ihm ein Seelenvergnügen war, zur Bildung und Vereblung der Seinigen ganze Schriften zu verfassen, wie er denn auch auf dem ersten Blatte eines Manuscriptes der k. prager Bibliothek als Lehrer im Kreise seiner Kinder abgebildet ist. Diese Erziehung pflanzte ihm jene tiefe Religiosität ein, die, seinen philosophischen Forscherdrang zügelnd, nie aus seinem Gemüthe wich, und ihn in den Dogmen der Kirche göttliche Aussprüche anzuerkennen trieb, welchen sich die menschliche Vernunft zu unterwerfen habe. Diese Erziehung kräftigte seinen gesunden Menschenverstand, daß derselbe der Last später eingesammelter Gelehrsamkeit nicht erlag, sondern sie rüstig trug und selbstständig beherrschte. Sie nährte unter den Einflüssen des Landlebens seinen Natursinn, mit dem er so gern auf den Werken der Schöpfung verweilte, und in ihnen ein glänzendes Zeugniß der Eigenschaften Gottes erblickte. Sie gab, durch jene Einflüsse begünstigt, wahrscheinlich auch Veranlassung, daß sein Schönheitssinn erwachte, der ihn zum Nachdenken über das Schöne lockte, der ihn begeisterte, es als etwas Höheres, als göttliche Einrichtung aufzufassen, und ihn befähigte, seinen Producten die vollendete Form zu verleihen, in welcher sie noch jetzt als Muster gelten. Sie war es endlich ohne Zweifel, die seine Liebe zur Muttersprache groß säugte, so daß er, obwohl er sich später der lateinischen Sprache bemächtigte, es dennoch vorzog, seine zum Theil in feine wissenschaftliche Untersuchungen eingehenden Schriften in der böhmischen zu verfassen, und so, schon vor 500 Jahren, den Beweis zu liefern, daß sie auch zu solcher Aufgabe tauge, besonders, da er vermöge seines edlen

Charakters das Wissen nicht als Gelehrtenmonopol, sondern als menschliches Gemeingut betrachtet und behandelt haben wollte.

Als im Jahre 1348 die prager Universität gegründet wurde, hatte Thomas von Stítné etwa das 23. Jahr erreicht. Gleich anderen jungen Männern seiner Zeit begab auch er sich zu dem neueröffneten Studium, indem er in die artistische Fakultät eintrat, die später den Namen der philosophischen erhielt. Hier gelangte die in der Stille des Landlebens ersprossene Blüthe zur Reife. Einen reichen Fond von Liebe und Religiosität hatte Stítný aus seinem väterlichen Hause mitgebracht; nun enthüllten sich ihm die Gebrechen seiner Zeit, die nach einer Kirchenreform bereits ernstlich zu begehren anfing, und eigenes, tieferes Denken mußte ihm bald die Ueberzeugung verschaffen, daß der Menschen Glück und Heil, für das sein Gemüth so sehr empfänglich war, zuletzt wirklich auf der Religion, als dem Inbegriff der heiligsten Lehren und Grundsätze, beruhe. Natürlich, daß er sich diesem Gegenstande vor allen anderen zuwandte, obwohl er weltlich blieb, auch keinen Doctorsgrad nahm. Trotzdem genügte seine Persönlichkeit, um ihn mit den damals hervorragendsten Männern in Verbindung zu bringen, wie z. B. besonders mit dem deutschen Prediger Konrad Waldhauser aus Oesterreich und dem böhmischen Prediger Milič von Kremsier, über deren edle Reformbestrebungen im Gebiete des sittlichen Lebens Palacký's Geschichte von Böhmen III. Bd. 1. Abth.; IV. Buch. 3. Kap. näheren Aufschluß ertheilt. Beide Männer, von denen der erstere mehr zum Verstande, der letztere mehr zum Gemüthe sprach, blieben auch nicht ohne sichtbaren Einfluß auf Stítný, der gleichsam beide in sich vereinte. Niemals aber gestattete er solchen Auctoritäten eine derartige Macht über sich, daß er sich von ihnen blind hätte bestimmen oder gar dahin reißen lassen, obwohl er ihren Rath aus Bescheidenheit, und weil es ihm Ernst um die Sache war, in zweifelhaften Fällen gern einholte. So ließ er sich auch keineswegs beherrschen, als im 9. Zehent des 14. Jahrhunderts Wiklefs Lehre aus England nach Böhmen kam, mit dem lebendigsten Verbesserungseifer stets Ruhe und Mäßigung, mit der regsten Forschbegier stets kindlich demuthsvollen Glauben paarend.

Zur Schriftstellerei entschied sich Stítný erst im reifen Mannesalter. Es sind von ihm bis jetzt 26 Werke in 10 mehr oder minder vollständigen, mehr oder minder von einander abweichenden Manuscripten bekannt, da er seine Schriften nach Umständen und aus rastlosem Streben nach Vollkommenheit zu ändern und umzuarbeiten pflegte. Das letzte, zehnte Manuscript fand Palacký erst in der jüngsten Zeit in der Bibliothek zu Paris. Sämmtliche Schriften Stítný's sind Erbauungsschriften, aber freilich Erbauungsschriften der edelsten Art, welche die innerste Durchdrungenheit von der Wichtigkeit des Gegenstandes darlegen, welche in der That gediegene Religionskenntnisse zu verbreiten suchen, welche sich nicht mit todtem

Wortglauben begnügen, sondern auf lebendigen, aus Ueberzeugung ent=
springenden und in das Leben eingreifenden Glauben bringen, daher sich
über die verschiedensten Lebensverhältnisse auslassen, und welche von ächt=
philosophischem Geiste erfüllt sind. Eben weil Stítný diesen Zweck
stets vor Augen hatte, mußte er sich auch der Muttersprache, als des hierzu
am besten geeigneten Organes, bedienen. Was man jedoch bisher bei seiner
Beurtheilung übersehen zu haben scheint, das ist der rednerische und dichte=
rische Werth, den er besitzt. Wer erbauen will, der muß nicht blos auf das
Erkenntnißvermögen, er muß auch auf Herz und Gemüth zu wirken ver=
stehn. Wollte Stítný erbauen, so mußte er sich nicht blos als Denker, er
mußte sich auch als Redner oder Dichter geltend machen. Und er that es,
nur daß bald eines der drei Elemente vorwiegt, bald der Denker und Red=
ner oder der Denker und Dichter verschmolzen erscheinen. Stítný ist als
Dichter nicht phantastisch und überschwänglich, kein geräuschvolles, farben=
spielendes Sturzwasser; allein man beachte den ruhigen Flug seiner Ideen,
die Innigkeit seines Gefühls, die bezeichnende Kraft seines Ausdrucks, den
Rhythmus, der aus seiner Sprache heraustönt. Dies die Motive, warum
ich zwei seiner wichtigsten Werke, die ich hier übersichtlich bieten will, näm=
lich: „Die Gedanken über Gott“ und dann: „Die Menschen und
die Engel“ metrisch übertrug. Der Inhalt schien mir Poesie, von philo=
sophischem Geist durchwehte Poesie im geweihten Dienste der Erbauung
oder im schwesterlichen Bunde mit ihr, in einer schlichten, sich frei bewegen=
den metrischen Form am besten genießbar.

Wann Stítný starb, ist unbekannt, so wie auch alle Nachrichten über
ihn aus seinen eigenen Schriften gesammelt werden mußten; denn waren
diese gleich bei dem nicht schriftstellerischen Publicum beliebt, und wurden
sie häufig von ihm gelesen, die stoffverwandten Schriftsteller des damaligen
Zeitalters machen von Stítný selbst keine Erwähnung, vermuthlich, weil sie
ihn, da er über Gelehrtensachen mit Vorsatz nicht latein, sondern böhmisch
schrieb, als zu ihrer Zunft nicht gehörig betrachteten, und weil er über=
haupt zu wenig in ihr Horn blasen mochte. Sein ritterliches Familien=
wappen war ein mit der Spitze aufrecht stehender silberner Pfeil im
rothen Feld.

III.

Stítný's Gedanken über Gott.

Dieses Werk Stítný's ist besonders durch die Untersuchungen interes=
sant, die er darin über das Schöne anstellt. Nachdem er sich nämlch mit
der Frage beschäftigt hat, ob der unvollkommene Mensch etwas und wie=

viel er von Gott, als dem vollkommensten Wesen, zu erkennen vermöge,
theilt er seine Arbeit in zwei Theile, in deren erstem er seinen Lesern aus
der Offenbarung, in deren zweitem er ihnen aus der Natur eine mög-
lichst würdige, heilsam begeisternde Idee von Gott beizubringen sucht. Wir
übergehen, um zu unserem Ziele zu gelangen, den ersten Theil, und halten
uns an den zweiten. Der Eingang zu demselben verbreitet über Štítný
selbst, seine Principien, sein ganzes Streben und seine Weltstellung ein zu
großes Licht, als daß er hier nicht vollständig gegeben werden sollte:

„Auch das Erschaffne hörend, könnte wohl
Der Mensch Gott näher kennen lernen;
Allein er achtet dessen nicht,
Betäubt vom Lärm der ird'schen Eitelkeit.
Seit er in Sünde fiel,
Ist sein Verstand erblindet;
Im Widerstreite mit sich selbst,
Vermag er nicht im Kampf der Welt zu siegen,
Zum Leeren, Nicht'gen drängt es ihn,
Und so versäumt er Gott zu suchen,
Nach ihm zu fragen,
Und alles, alles Rufen in der Schöpfung,
Wie laut es Gott bezeuge,
Schlägt unvernommen an ein taubes Ohr.
Es rufet dem nur das Erschaffene,
Der sinnend überlegt;
Doch wer sich hingegeben der Begierde,
Der kann nicht überlegen,
Und fragt nach Gott nicht, seinem Drange folgend.
So sind zuerst die Heiden ausgeartet,
So arten auch die Christen aus,
Die, ob sie hören, oder wie im Traum
Vernehmen, daß Gott ist,
Von ihm nichts weiter wollen wissen,
Und, könnten sie auch mehr
Erfahren, dennoch sein nicht achten.
Die werden sagen, Ausflucht suchend,
Um als rechtgläubig zu erscheinen,
Da sie doch Gottes Wahrheit wenig kümmert,
Am schlichten Glauben sei genug.
Ich widerspreche nicht, daß Schlichte,
Daß Unbegabte mehr zum Heile nicht
Bedürfen, als nur einfach so zu glauben,
Wie es der Kirche heil'ger Mund gebeut:
Doch wer da liebt, und wenn sein Geist
Die Gabe hat, denkt des Geliebten gern,
Und redet oft davon mit Lust und Freude;
Vor allem, was zum Preis und Ruhme dient
Des theuren Gegenstandes, hört er gern,
Und fragt, wie mächtig er und gut und weise,
Und hört das Lob und spricht und überlegt,

Bis er das Theure mehr noch liebgewonnen,
In seiner Liebe festgewurzelt ruht.
O wieviel haben nicht zu Gottes Ruhme
Gesprochen all die Herrlichen,
Die für ihn freudig in den Tod gegangen!
Was ich nun sage von dem lieben Gott,
So hoff' ich, daß ich mich darin
Vom Sinn der heil'gen Meister nicht entferne:
Denn gerne las ich schon von Jugend auf,
Und hörte gern der Meister Wort;
Und jetzt noch schafft mir's Wonne nachzudenken,
Und andere, die Latium's Sprache nicht
Verstehen, anzuspornen
Zum Forschen über das, was mir so werth.
Wem aber dies mißliebig sollte sein,
Der klage mich nicht an,
Und schelte nicht, daß ich vielleicht gesprochen,
Was meinen Lippen nimmer ist entschlüpft;
Er lasse meine Bücher fahren,
Nur neid' er's nicht, daß andere vielleicht
Das früher Nichtverstandene
Durch sie verstehen lernen. Doch
Wohin verlier' ich mich!
Zurück!"

Wie viel Stitný die Natur gilt, zeigt sich in folgender Stelle:

„Die Welt ist wie ein Buch,
Das von der Hand, ich meine, von der Macht
Und Weisheit Gottes ist geschrieben;
Ein jegliches Geschöpf
Ist wie ein Wort in diesem Buche,
Das Gottes Macht und Weisheit zeigen soll.
Da kommt denn, wie es zu geschehen pflegt,
Der eine, sieht das Buch und blickt hinein,
Doch was ein jedes der geschriebnen Worte
Bedeute, weiß er nicht; ein zweiter kommt,
Und lobt das Aeußere des Buchs, wie prächtig
Es eingebunden, und ein dritter preist
Die gute Schrift: der geist'ge Mensch allein
Versteht den Sinn, der in den Worten waltet."

Unter den Beweisen für Gottes Allmacht, Weisheit und Güte, die hierauf folgen, ist nun zu unserem Zwecke und auch von ihm abgesehen der für Gottes Weisheit insbesondere hervor zu heben. Stitný führt ihn aus der Schönheit der Natur, und breitet sich hier, dadurch recht eigentlich den Dichter verrathend, mit eigener Vorliebe aus, immer jedoch so, daß er für seinen Erbauungszweck Vortheil zieht. Was er unter jener Schönheit verstehe, sagt er nirgend mit ausdrücklichen Worten, doch läßt es sich aus dem Ganzen entnehmen. Er rechnet es zu einer Art des Angenehmen; denn er sagt:

„Gott ist auch weise! In dem Schmuck, der Schöne
Der Schöpfung stellt sich seine Weisheit
Uns deutlich dar, daß wir sie schauen können.
Wie ist es süß und angenehm,
Darüber nachzusinnen!
Darum singt schon Davids Psalm:
O Herr, ich hab' dich liebgewonnen
In dem, was du gemacht,
Und an den Werken deiner Hände
Entzück' ich mich!“

Und an einer anderen Stelle sagt er:

„In wieder andren Dingen suchen wir
Des Angenehmen mehr nicht, als die Schönheit.“

Doch unterscheidet er das Schöne von dem bloß sinnlich Angenehmen, indem er wohl das Auge und das Ohr, nicht aber die Nase, den Gaumen und den Tastsinn für Organe der Wahrnehmung des Schönen anerkennt, obwohl er fein genug bemerkt, wir pflegten auch zu sagen, es rieche etwas schön. Die ganze bezügliche Stelle lautet:

„Jedwedem Sinne ist was andres lieb
Und angenehm: dem Aug' die Farbe,
Dem Ohr der Ton, der Nase der Geruch,
Dem Munde der Geschmack,
Und so dem Tastsinn etwas andres wieder.
Nur sind die letzten der Beschaffenheiten
Nicht schön, nur süß und angenehm zu nennen;
Doch sagen wir, es rieche etwas schön.“

Warum Štítný nicht auch den Tastsinn für ein Organ der Wahrneh-mung des Schönen z. B. bei Sculpturwerken anerkenne? Darüber äußert er sich nicht. Wahrscheinlich erkennt er ihn deshalb nicht dafür an, weil ihm die Wahrnehmungen des Tastsinns, gleich denen der Nase und des Gaumens, zu sehr mit Sinnlichkeit vermischt, zu unvollkommen erscheinen, und er dessen Geschäft in Betreff des Schönen, wenigstens bei Gesund-sehenden, lieber vom Auge übernommen haben will. Ihm ist das Ver-gnügen, das wir bei dem Genusse des Schönen empfinden, offenbar ein gei-stiges, hervorgehend aus dem Wahrnehmen der Zweckmäßigkeit eines Din-ges, allein nicht jeder Zweckmäßigkeit, keiner solchen, wie sie sich schon bei jeder wohleingerichteten Maschine kund gibt, sondern, um den Ausdruck zu gebrauchen, dessen er sich bei der Aufzählung der Arten des Schönen mehr-mals bedient, einer staunenswerthen, nicht genug zu betrachtenden, wun-derbaren Zweckmäßigkeit.

Er unterscheidet aber vier Arten der Schönheit:

1) die Schönheit des im Moment der Ruhe aufgefaßten, mehr oder minder zusammengesetzten Ganzen:

. . . . „wo alles
Gehörig und geziemend
An seinem Orte, und wo alle Theile
In freundlichem Verein zusammenpassen."

2) die Schönheit der zeiterfordernden Bewegung und Veränderung über=
haupt, wohin er auch das Pathetischschöne und das Gedankenschöne zählt,
als Bewegungen und Veränderungen im Gemüth und Geiste:

„Wenn etwas sich von Ort zu Ort bewegt,
Wenn es im Wachsen zu=, im Schwinden abnimmt;
Wenn ein Geschöpf zu dem und jenem
In Wonne hingezogen wird,
Oder mit Scheu hinweg sich wendet;
Und wenn ein Wandel in dem Geist geschieht."

3) die Schönheit, wo nicht sowohl auf Regelmäßigkeit und Harmonie
der Theile, als vielmehr auf die von den Theilen beschriebenen Gränzen,
den Umriß, hingesehen wird:

. . . . „Ha, welch unendliche
Verschiedenheiten zeigen da sich wieder,
Ganz ungewohnte oft und schauderhafte
Gestalten, daß wir über Gottes Weisheit
In dieser Mannigfaltigkeit
Vom neuen auf das höchste müssen staunen.
Und wir bewundern gern das Große nur;
Doch saget, was ist wunderbarer,
Des Elephanten große Zähne, oder
Die winzigen, womit die Motte
Am Kleide nagt?"

4) die Schönheit mit Hinblick auf den Werth und Gehalt der Beschaffen=
heiten eines Dinges, wo er mit dem Ethisch=Schönen, als dem höchsten
Schönen, schließt:

„Und auch die Seele hat die ihrigen:
Die Güte, wenn sie gut,
Den Adel, wenn sie edel ist."

Sind gleich diese Unterscheidungen nicht mit dem nöthigen deutlichen
Bewußtsein von Seiten des Autors getroffen, das der poetischen Behand=
lung durchaus nicht Eintrag zu thun brauchte, so verrathen sie doch jeden=
falls ein tüchtiges Denken über den Gegenstand. Ausgeführt sind jedoch
nur die zwei ersten Partien, in denen Štítný zugleich seine Studien über
die leblose und belebte Natur, über das Weltsystem und den Menschen als
Mikrokosmus, auf ehrenvolle Art darlegt, und die, so mittelalterliche An=
sichten sie enthalten, eben durch ihre poetische Kraft noch heutigen Tags
wirken. Die Ausführung der übrigen Partien unterläßt der Autor, da er
sein Ziel bereits erreicht hat, und des Guten nicht zu viel thun mag. Als
Probe folge die erste Partie:

„Seht hin, wie planvoll = sinnreich in der Welt
Verbunden Dinge aller Sphären,
Wie sie so wohl dabei und freundlich
Und so verträglich sich gesellen,
Daß oft der Theile ungleichartigste,
Ja Theile, die sich Feinde, sind vereint!
Denn ist die geistige Natur
Gleichartig mit der körperlichen?
Sind Himmelskörper, wie die Sonne,
Der Mond, die Sterne und der Himmel,
Worin die Sterne kreisen,
Den Körpern gleich, wie Erde, Wasser, Luft
Und Feuer, die wir Elemente nennen?
Und ist das Feuer nicht dem Wasser feind,
Das Wasser nicht dem Feuer?
Doch Gottes Weisheit hat dies alles
Vereint zu einer Welt,
Und seinem Willen unterthan,
Zerstöret keins das andere;
Es dient vielmehr, sich in die Ordnung fügend,
Die von des Werkes Meister festgesetzt,
Dem Werdenden zum Heil und gibt ihm Leben.
O wie verträglich ist der hehre Himmel,
Der immer ruht und der sich nicht bewegt,
Und der das Körperliche oben
Umschließt und unten, wie das Ei die Schale!
Gerade in der Mitte, überall
Gleichweit von ihm entfernet, ist die Erde,
Die grobe, welche wir bewohnen,
Und die durch Gottes Weisheit gleichfalls so
Befestigt ist, daß sie sich nicht bewegt,
Fort steht und sich nicht dreht.
Am nächsten um die Erde läuft das Wasser,
Darüber ist die Luft, die gleichfalls kreist,
Und die zur rechten Zeit von dorther bläst,
Wie's Gottes Weisheit nicht umsonst gemacht;
Der Feuerkreis ist ob der Luft,
Und dieser läuft und dreht sich auch;
Ob diesem Feuerkreise ist der Himmel,
Worin der Mond;
Dann kommt ein zweiter über ihm,
Worin Merkurius;
Und dann ein dritter über diesem wieder,
In welchem Venus, der Planet,
Der geile Liebe weckt,
Wie die Sternkundigen behaupten;
Im vierten Himmel aufwärts hin,
Dort hat die Sonne ihren Platz;
Im fünften, da ist Mars,
Der Streit und Kampf und Krieg entzündet;
Im sechsten dann ist der Planet,
Der Güte gießt ins Herz, zur Ehe

Und holden Liebe drängt, und fruchtbar macht
Die Jahre, des Saturnus Härt'
Und Kälte mildernd, und abkühlend
Die trockenheiße Gluth des Mars, und so
Ist er gerade zwischen zwei Planeten,
Die böse walten;
Im siebenten der Himmel
Ist der bezeichnete Saturnus;
Und in dem achten jene Sterne,
Die sich mit den Planeten fort bewegen.
Doch über diesem achten Sternenhimmel
Ist noch ein neunter, der am schnellsten kreist,
Und über ihm erst der krystallne, hehre,
Der immer steht, bewegungslos,
Und zwischen welchem und der Erde
Die andren Körper ihren Lauf vollbringen.
O Weisheit, Weisheit! Wie da alles
An seinem rechten Ort! Und wer vermöchte,
Wer zu erforschen alles und zu sagen!
Drum ruft der heil'ge Sänger,
Als er aufs Meer hinblickt:
O wunderbare Lagerung des Meeres!
O wunderbar der Herr hoch in den Höhen!
Und wieder ruft er: Alles
Und Jedes hast du weise hingestellt!
Doch daß kein Theil den anderen zerstöre,
Ist zwischen Dingen, die sich feind,
Ein andres in der Mitte, das mit beiden
Worin verwandt, befreundet ist und beide
Auf solche Art verbindet und versöhnt.
Und über unsrer schweren, groben Erde,
Die andren Stätten weit an Schönheit nach,
Und die am niedrigsten, erheben sich
Die edlern Elemente, dann die Sphären
Der Himmel, immer höhere
Und höhere Gewölbe —
Und was in ihnen alles, weiß noch niemand —
Bis endlich dann der Himmel kommt,
Des Flammenhimmels Namen tragend,
Nicht wegen seines Feuers heißer Gluth, —
Der brünst'gen Liebe wegen,
Er, wo der Engel Reihen sind.
Der Heil'gen Wohnstatt und das volle Reich
Der Lust und Wonne in dem Anschaun Gottes,
Der über alles dies und auch in allem,
Und oben, unten, überall,
Der wunderbare Schöpfer und Erhalter!

Ist aber das, was Gottes Huld,
Was Gottes Weisheit ausgerichtet.
Für wen zu fern, und kann er nicht
In seinem Geist des Himmels Lagen denken:

So acht' er auf die Glieder seines Leibes;
Denn eine Welt im Kleinen wird
Der Mensch geheißen in der heil'gen Schrift,
Und auch im Menschenkörperbau
Ist Gottes Weisheit zu erkennen.
O wenn das unvernünft'ge Thier
Zur Erde hin sein Antlitz hält geneigt,
So hat der Mensch geraden Wuchs
Und frei nach oben blickt sein Angesicht,
Zum Zeichen seiner Menschenwürde
Und dessen, daß sein Sinn nach oben hin,
Nach Himmelsdingen, soll gerichtet sein,
Und nicht zur Erde bloß,
Wie der des dummen, unvernünft'gen Thieres.
Und wie verschieden ist der Dienst
Des Hauptes und der Füße Dienst,
Und wie sind beide grad' an ihrem Platze!
Die Füße nehmen, um den ganzen Leib
Zu tragen und zu halten,
Die tiefste Stelle ein,
Das Haupt die höchste,
Daß es den ganzen Körper führe,
Vom weiten schon mit seinen Augen sehend,
Und mit den Ohren hörend,
Das Heilsame und Schädliche,
Damit ihm der Verstand begegnen könnte;
Die Hände aber sind in Fleisches Mitte,
Daß dies sich halte an der Knochen Kraft.
Und welch geheime Gänge
Durch manche Knochen hat das Mark,
Haben die Adern — und wie klein die Löchlein,
Die Gottes Walten angebracht;
Wie sind die Knochen aus dem Fleische hier —
Was sichtbar an den Zähnen —
Herausgewachsen, wo es nöthig war,
Wie dort verborgen;
Wie ist das Fleisch mit Haut umschlossen,
Daß es in solcher Hülle sicher sei
Vor jedem Unglimpf feindlich schlimmer Art,
Der seiner edlen Zartheit schaden könnte;
Bis auch sogar durch Gott
Den Fingern Nägel wurden, Helmen gleich!
Und wer vermöchte alle Theile
Des Menschenleibes oder eines andern
Im Innern aufzuzählen,
Wie alles da von Gottes Weisheit
Mit Vorbedacht gebildet,
Und alles ist an seinem rechten Platz!

IV.

Štitný's Menschen und Engel.

Ein anderes Interesse bietet dieses Werk Štítný's, indem es über die damaligen Zustände in der clericalen sowol, als Laienwelt Licht verbreitet. Štítný hält sich darin an die Ansicht der Theologen, daß im Himmel drei Ordnungen von Engeln, deren jede drei Chöre umfaßt, im Ganzen also neun, immer höhere und höhere Engelchöre bestehen. Allein er hat über den Grund dieser Eintheilung nachgedacht, den Bestand der Ordnungen und Chöre auf gewisse nothwendige Bedingungen, was eben seinen philosophischen Geist beurkundet, zurück zu führen gesucht, und darin Gottes Einrichtung erkannt. Findet, mochte sich Štítný fragen, eine ähnliche Einrichtung nicht auch in der menschlichen Gesellschaft statt, die in Gefahr schwebt, durch die Disharmonie der Einzelnen, ja ganzer Menschenklassen, sich aufzulösen und zu zerfallen? Der menschliche Leib (welchen er in den „Gedanken über Gott" so schön beschrieben), wird von dem denkenden Haupte geleitet und geführt; die Hände vertheidigen und schützen, die Füße, seine Basis, halten ihn. So gelangt Štítný in seinem Drange nach einem maßgebenden Systeme zu den Begriffen eines Lehr-, Wehr- und Nährstandes, und bezeichnet jeden dieser drei Stände als einen wieder dreifach gegliederten, jedoch fern von allen politischen Umsturztendenzen, im Gegentheil die Wirklichkeit mit der Idee auszusöhnen suchend. Aber dürfen die Menschen, obwohl die Stellung des einen höher, als die des anderen, sich Ueberhebung und Auflehnung zu Schulden kommen lassen? Soll nicht nach dem Beispiel ihrer himmlischen Vorbilder Gesetz und Ordnung unter ihnen herrschen? Sollen sie nicht sich wechselseitig lieben, wie die Glieder des menschlichen Leibes, um so mehr, da sie Glieder einer und derselben göttlichen Kirche sind? Hören wir Štítný selbst in dem Eingange zu seinem Werke:

> „In seiner Weisheit hat der Herr der Herren,
> Der König aller Kön'ge, Gott der Schöpfer,
> Die Engel seines ew'gen Wonnereiches
> Nach ihrer Würde in drei Ordnungen
> Getheilt, und jede der drei Ordnungen
> In drei der Chöre wieder,
> So daß neun Engelchör' im Ganzen sind.
> Und so hat er, der Weltregierer,
> Drei Stände, die sich gleichfalls dreifach theilen,
> Unter den Menschen auch gegründet.
> Und so wie jede untre Engelordnung
> Erleuchtung, Läuterung und ihrer
> Vollendung Fülle
> Von Gott, doch durch die obere empfängt:
> So soll auf Erden auch der unterste

Der Stände beiden höheren,
Der mittlere dem obersten gehorchen,
So wie der heil'ge Paulus sagt: „Jedweder
Sei unterthan der höhern Macht,
Denn alle Macht, sie ist von Gott,
Und was von Gott, das ist wohl eingerichtet."
Wer also sich auflehnet
Gegen die Macht, der lehnt sich gegen Gottes
Einrichtung auf, und wer sich gegen Gottes
Einrichtung auflehnt, den trifft das Gericht.

Der erste Stand belehrt die anderen,
Der zweite schirmt sie, und der dritte
Besorgt, was jene beiden brauchen;
Drum achte keiner
Den niedrigeren Stand gering, da jeder
Dem anderen von Nußen. Sehet,
Wie jeder Menschenleib aus kleinren Gliedern
Und größeren besteht! Und alle sind
Vonnöthen, sowohl die, womit der Mensch
Sich auf der Erde festhält, wie die Füße,
Als die, womit den Füßen er,
Und andren Gliedern Dienst' erweiset, wie
Die Hände, und natürlich auch das Haupt,
Nach dessen Sinn die Hände
Dem ganzen Leibe Dienst' erweisen,
Und ihn beschützen,
Die Füße doch ihn tragen und ihn halten.
Und welche Liebe zwischen diesen Gliedern,
Dieselbe Liebe soll auch zwischen
Den Menschen der drei Ordnungen bestehn.
Seht nur, wie groß der Glieder Liebe ist!
Weit ist der Fuß vom Haupt, so wie der Finger
Der Hand; doch kaum beginnt der Sinn,
Der in dem Haupte thront, zu wollen,
Daß sich der Fuß, der Finger sich bewege,
Und schon bewegen sie sich in der That.
Und bleibt ein Dorn im Fuße sitzen,
Gleich sind die Glieder alle mitleidsvoll
Geschäftig, jedes ist bemüht,
Zu helfen, wie es nur vermag und kann.
Es wendet seinen Sinn das Haupt
Dem Dorne zu, die Augen suchen ihn,
Die Hände möchten seiner sich
Bemeistern, und der Rücken beugt sich,
Damit die Augen ihn gewahren könnten,
Die Zunge selbst, als wär's ihr eigner Schmerz,
Sie ruft: „Ach welch ein Schmerz!"
Und doch ist in der Zunge nicht
Der Schmerz, ist in dem Fuß, und todt nur müßte
Das Glied sein, das den Schmerz des andren nicht
Empfände, nicht dienstfertig sich erwiese.

> So möge wechselseit'ge Liebe auch
> Der Kirche Glieder stets erfüllen!"

Nachdem so Štítný in das wirre Drängen und Treiben der Menschen Einheit und Zusammenhang gebracht, und Gott, wie er ihn früher, näm= lich in den „Gedanken über Gott," in der Einrichtung der Welt fand, auch in der Einrichtung der menschlichen Gesellschaft gefunden: schreitet er, in= dem er es nun mit den ihm durch das Mittelalter, die Luxemburger Pe= riode, gegebenen Ständen von Menschen zu thun hat, zur Einzelver= gleichung dieser mit den neun Engelchören, welche Vergleichung er mit wahrhaft poetischer Begabung und überlegendem Geiste durchführt.

Das eigentliche Gewicht des Werkes liegt aber nicht in dieser Ver= gleichung, sondern in den Anreden, die er mit Hinweisung auf den Fall der Engel an die verschiedenen Menschenklassen hält. Hier erkennt man, daß er über das, was die Menschheit auf Erden solle, reif und tief nachgedacht. Hier bewährt sich durch die edlen Ziele, die er dem menschlichen Streben steckt, durch die Gewalt der Begeisterung, womit er auf die Erdrückung der Selbstsucht und auf die Erhebung des Sinnes zu dem allgemeinen Besten dringt, die ganze Größe und Würde seines Charakters, und wenn er das Heil, die sicherste Rettung der bereits untergrabenen Gesellschaft in dem mit Herz und Kopf verarbeiteten rechten Glauben sucht, so dürfte er wohl= berathen sein. Es ist bei den Mahnungsrufen, die er nach allen Rich= tungen erschallen läßt, als ob er die Luft des Gewitters, das bald über Böhmen, über Europa losbrechen sollte, schon verspürte; als ob er im Geiste die Wogen des heranbrausenden Sturmes menschlicher Leidenschaften schon schlagen hörte, und er erscheint uns wie die Sonne, wenn sie sich vergebens bemüht, die am Horizont emporsteigenden Wolkenmassen mit ihren goldenen Strahlen zu zerstreuen. Beispiels halber gebe ich hier aus jeder in drei Chöre zerfallenden Menschen = und Engelordnung eine Nummer.

Nachdem Štítný mit dem obersten Chore der ersten Ordnung, den Seraphim, alle jene Menschen, ob geistlichen oder weltlichen Standes, ver= glichen, die Gott lieben, und zwar werkthätig lieben, nicht erst, weil sie ihn durch langes Nachdenken erkannt haben, sondern weil sie nicht anders kön= nen, gleichwie einer der sinnreichsten deutschen Dichter sagt:

> „Die Liebe liebt, weil sie die Liebe ist:"

übergeht er auf die Gelehrten, die zu seiner Zeit vorzugsweise durch die Geistlichkeit repräsentirt wurden:

> „Der zweite Chor der Engel führt
> Den Namen Cherubim.
> Die sind an Kenntniß reicher
> Und liebentbrannter
> Als alle niedrigeren Engelchöre

Und darum tragen jenen Namen sie,
Weil alle ihre Liebe
Und ihre andren Gaben alle,
Womit von Gott sie ausgestattet sind,
Aus ihrem Wissen gehn hervor:
So wie der Ersten Wissen,
Und alles andre Gute, was sie haben,
Aus ihrer Liebe
Zu Gott entspringt.
So gibts auch viele in der Welt,
Die, weil sie Gott inbrünstig lieben,
Am Geiste groß sind und die Schrift versteh'n,
Und andre wieder, die Gott lieben,
Weil sie erkannt ihn haben in der Schrift.

Sie nun, die hochachtbaren Männer
Der Wissenschaft und der Gelehrsamkeit
Vergleiche ich den Cherubim,
Wie jene ich den Seraphim verglichen.
Doch wie so manche Engel aus dem Chor
Der Cherubim zum Abgrund stürzten,
Und all ihr Wissen, ihr Verstand und Geist
In List und Ränke sich verkehrte:
So können von der Wahrheit
Abfallen manche der Gelehrten auch.
Drum sollen die, die schon von Kindheit an
Nach Weisheit dürsten,
Nach solcher Weisheit trachten,
Wodurch sie mit den kenntnißreichen,
Wahrhaft verständgen Engeln
Verbunden bleiben, nicht deßhalb,
Um Lob und ird'sche Ehre zu gewinnen,
Sondern um zu erkennen Gott,
Und um Gott andren zu verkünden,
Und für die Wahrheit in den Kampf zu geh'n.
Gar sehr vonnöthen
Sind Meister in der Schrift,
Damit der Menschheit Heil gewahret werde,
Und sie nicht fall' in Irrthum und in Wahn.
Drum rufet David:
Verdorben wär' ich längst in meiner
Unwissenheit,
Hätt' ich nicht fort und fort erwogen
Im Geiste dein Gesetz!
Und ferner dann: Die weise sind,
Sie werden, wie die Stern' am Himmel, strahlen.

Nach Wissen denn gestrebt, nach heil'gem Wissen;
Doch nicht, damit ihr erst erfahret, ob
Ihr glauben sollt,
Sondern damit ihr, festen Glaubens selbst,
Verstehet, was ihr glaubt,

Und voll von Gottes Liebe andere
Zu Gottes Lieb' entflammet!
Denn an und für sich ist
Das Wissen ungenügend,
Und nimmer kommt zu Ende ihr;
Und nützt es, die Gebrechen
Und den Ruin der Sonne und des Mondes
Geraume Zeit voraus zu wissen,
Wenn ihr die eignen menschlichen und fremden
Gebrechen nicht erkennt?

Dabei vergeßt nicht, daß die Schrift
Gleich einem wunderbaren Strome,
Den oft die größten Elephanten nicht
Durchdringen können, während glücklich
Das Lamm hindurch gelangt.
Die von der Wahrheit sich nicht rühren lassen,
Damit es ja nicht heiße,
Sie hätten Unrecht in dem Streit behalten,
Das sind die Elephanten, die ihr Knie
Zu beugen nicht vermögen;
Doch wer bekennet, daß er nicht begreift,
Der mag in Demuth, wie ein Lamm,
Den Strom durchdringen.
Drum sollen auch die ries'gen Elephanten
Den Lämmern es nicht wehren,
Wenn sie im Strom der Schrift
Sich von der Gluth der weltlichen Begierden
Erfrischen wollen.

Und stets das Ganze habt im Auge,
Und nicht im Einzelnen verfanget euch,
Damit ihr nicht getrogen werdet:
Gleichwie aus meinen Büchern mancher
Die oder jene Rede,
Dies oder jenes Wort entlehnen könnte,
Und Meinungen mir unterschieben,
Die nimmermehr im Herzen ich gehegt."

Die erste Nummer der zweiten Ordnung, mit deren oberstem Chore, den Herrschern (Dominationes) Stítný den höheren Adel und die Großen der Welt überhaupt vergleicht, lautet also:

„Dies ist die erste, höchste Engelordnung,
Die sich in drei der Chöre theilt,
Und die zu Gott, festhaltend
An ihm, empor uns hebt,
So daß wir immer, wie durch Schiedsspruch,
Erfahren, was zu thun,
Wofür wir zu entglühen haben,
Um zu beweisen unsren Gottesdrang.
Der zweiten Ordnung erste Engel
Sind die, so Herrscher heißen.

Mit ihnen läßt hiernieden
Der Stand der Herren sich vergleichen
Sammt allen Großen dieser Welt;
Denn edlen Wesens sollen
Sie sein, und sollen mächtig walten,
Nie dem ergeben, was unedel ist.

So mögen sie sich richten
Nach Gottes Ordnung, auf die Meister
Der Schrift und wackre Priester hörend!
Denn keiner der Gewalt'gen,
Spricht Salomon, entgehet Gott,
Der sich vor keiner Größe fürchtet,
Und der die Großen, wie die Kleinen
Erschaffen, und für alle Sorge trägt;
Doch hat der Stärkere
Die stärkere Verantwortung.

Sie mögen stets gedenken,
Daß um des Volkes willen sie,
Daß nicht das Volk um ihretwillen da ist,
Und walten, wie Gesetz und Recht,
Nicht, wie sie selber wollen;
Und ist ein Mangel im Gesetz,
So mögen sie mit den Erfahrensten
Des Volkes sich berathen,
Und wandeln das Gesetz,
Doch weise nur
Und nur zum allgemeinen Wohl und Heile.

Gedenken mögen sie,
Daß, wenn sie auch von Gott, dem Höchsten, lassen,
Sie dennoch Gottes Diener sind,
Wie selbst der Satan Gottes Knecht verbleibet,
Da Gott die schlechtsten Plane auch
Zum Besten weiß zu kehren:
Und daß sie, wenn sie Gutes üben,
Doch ihretwegen nur;
Wenn sie die Armuth schützen,
Doch nicht, gleichwie die Henne ihre Küchlein,
Sondern wie Hunde Aas,
Damit es andre Hunde nicht verzehren;
Nicht zu gewärt'gen haben Gottes Lohn.

Abscheulich ist es, thun sie denen Unrecht,
Die sie vor Unrecht schützen sollen.
Drum mögen ihren Untergebenen
Sie hold und gütig sich erweisen,
Ohn' aber, daß sie gegen Gott
Durch ihre Milde sich versündigen.

Hilft Milde nicht, dann mögen Härte sie
Gebrauchen; denn es schadet
Den Guten, wer die Bösen schont.
Ein Schild den Guten seien sie,
Den Bösen sie ein eisenschwerer Hammer!"

In der ersten Nummer der dritten Ordnung, mit deren oberstem
Chore, den Tugenden, Fertigkeiten (Virtutes), Stitný auf naive Weise
die Ackers- und Gewerbsleute vergleicht, heißt es:

„Noch gibt es eine dritte Ordnung,
Die niedrigste, und ihrer Chöre höchster
Wird der der Tugenden genannt,
Durch den Gott seine heil'gen Wunder wirkt.
Dem Chore gleichen unter uns vor allen
Die Ackersleute;
Denn ist's nicht groß und wunderbar,
Wenn aus dem Samen, den sie streuen,
Für Menschen und für Thiere Frucht erwächst!
Doch mögen sie nicht glauben,
Daß sie darum schon Engel Gottes sind.
Zwar sagt der Redner Tullius:
Von allen den Geschäften,
Womit der Mensch sich seinen Unterhalt
Erwirbt, ist keines besser, heilsamer,
Und keines würdiger des freien Mannes
Als das Geschäft des Ackerns ist;
Doch sieht Gott nicht so sehr darauf,
Was von den Menschen wer,
Als drauf, in welcher Meinung er's vollbringt.

Und in den Chor der Ackersleute
Gehören auch die Handwerksleute alle,
Die mit dem mannigfaltigsten Bedarf
Auf wundergleiche Weise uns versorgen.
Doch weil die bösen Engel,
Die auch aus diesem Chor zum Abgrund stürzten,
Der Wunder gleichfalls wirken,
Allein verderbensvolle, arge Wunder:
So mögen sie sich hüten, daß sie uns,
Von Geldesgier entbrennend,
Statt unsres nöthigen Bedarfs
Nicht eitlen Tand, nicht schlimme Dinge bieten;
Unschuldig sei, womit sie uns erfreu'n.

Hört mich, ihr Ackers- und ihr Handwerksleute!
Im Geist des Glaubens und der Wahrheit sollt,
Ohn' Falsch und ohne Fälschung, redlichtreu
Ihr eure Arbeit thun zu aller Frommen,
Und ohne Hoffart essen euer Brod,
Mit ihm auch eures Nächsten Hunger stillend.

Und ob ihr noch so Nützliches,
Und noch so Nöthges thut,
Vergeßt dabei nicht, Gott den Herrn zu feiern,
Und was ihr thut,
Vollbringt es, euren Sinn auf Gott gerichtet;
Denn es ist Gott, von dem ihr drüben einst
Den besten Lohn empfangt für eure Mühe."

Und so schließt Stítný, indem er, von Kastenengherzigkeit und unbe-
gränztem Liberalismus gleich weit entfernt, noch einmal darauf hinweist,
daß den menschlichen Ständeunterschieden ein höheres System zum Grunde
liege, worin jedes Glied nothwendig sei, jedes einen Ehrenplatz einnehme,
worin es aber darauf ankomme, daß jedes, seine Pflicht und Schuldigkeit
übend, dem Ganzen diene, so schließt Stítný mit dem, womit er angefangen, mit der alles umfassenden, alles in sich vereinigenden Liebe.

Wir wenden uns nun zu Herrn Smil von Pardubic.

V.

Herr Smil von Pardubic.

Smil von Pardubic, einer der angesehensten böhmischen Herren
seiner Zeit, war ein Neffe des berühmten (Hradschin I. angeführten) ersten
Erzbischofs von Prag, Ernest von Pardubic, Freundes Karl IV. Sein
Geburtsjahr ist unbekannt; doch geschieht von ihm in der Geschichte schon
1384 Erwähnung, so daß er damals bereits ein erwachsener Mann sein
mußte. Im Jahre 1395 trat er in den Herrenbund, der sich rüstete, die
Rechte seines Standes gegen Wenzel IV. als böhmischen König, I. als
deutschen Kaiser, zu vertheidigen. Durch die von Siegmund zwischen seinem Bruder Wenzel und den böhmischen Herren im Jahre 1396 gefällte
Entscheidung wurde er zum Oberstlandesschreiber des Königreiches Böhmen
ernannt, welche Würde er, obwohl nicht ohne Unterbrechung, bis zu seinem
Tode bekleidete. In den vielfältigen Wirren und Stürmen jener Zeit war
er mit anderen Herren auf Siegmunds Seite, und gerieth dadurch in häu-
fige Fehden mit den böhmischen Städten. In einer solchen Fehde mit den
Bürgern von Kuttenberg, die König Wenzel auch in seiner Gefangenschaft
zu Wien ergeben blieben, fand er zwischen Kuttenberg und Caslau seinen
Tod 1403. Von der hohen Stufe seiner Bildung liefert nebst dem von
ihm bekleideten Amte auch der Umstand ein Zeugniß, daß er auf der Hochschule zu Prag den Grad eines Baccalaureus erlangte. Es sind fünf Werke
von ihm übrig, sämmtlich in deutscher Bearbeitung von mir erschienen

Leipzig 1855, die große Lebenserfahrung und tiefe Menschenkenntniß verrathen, und bei einem durchaus edlen Sinne von Witz und Humor sprudeln. Wir wollen uns hier mit zweien von ihnen bekannt machen, mit Smils Sammlung der ältesten böhmischen Sprüchwörter und mit seinem neuen Rath.

VI.
Smils Sammlung der ältesten böhmischen Sprüchwörter.

Eine Auswahl aus ihnen möge hier aus doppeltem Grunde stehen; erstens, weil es außer Zweifel ist, daß die Sprüchwörter eines Volkes gar sehr zu seiner Charakteristik dienen, und ferner, weil vielleicht Gelegenheit zur Vergleichung mit den deutschen Sprüchwörtern und denen anderer Völker indoeuropäischen Stammes geboten wird. Es dürfte sich dann zeigen, daß die Sprüchwörter dieser, wenn auch durch weite Zwischenräume getrennten, Völker sich oft auf eine überraschende Weise ähneln, wodurch sie, wie die Mährchen derselben, auf eine gemeinschaftliche Quelle schließen lassen, und mit der Sprache die nähere Verwandtschaft der Völker bestätigen helfen.

Geld
Der Herr der Welt,
So war's vom Anfang her bestellt.

Jedem, was sein,
Dem Hund ein Bein.

Alte Sünde
Hat neue Schmach zum Kinde.

Der Weise ohne Gefahr und Schrecken
Kann selbst an gift'ger Wolfsmilch lecken.

Die beste Schanz'
Der Freunde Kranz.

Macht Geräusch dich zagen,
Darfst nicht in den Wald dich wagen.

Soll nicht dein Schuß verloren sein,
Ziel' in den Himmel nicht hinein.

Es kommt kein Krebs des Wegs daher,
Wo nicht das Wasser nahe wär'.

Brauchst du Kohlen,
Mußt sie aus der Asche holen.

Sieh' nach im Rücken fein,
Wirst vorn geborgen sein.

Bist satt du, wirf nicht das Brod bei Seit';
Ist warm dir, wirf nicht hinweg das Kleid.

Wer seine Hände legt zu Ruh',
Schnürt sich die Hände selber zu.

Krumm
Ist um;
Grad'
Der kürz're Pfad.

Es ist nicht eins — das wohl begreif' —
Ob gestutzt oder ohne Schweif.

Ist schlimm der Hund,
Mißgönnt er fremdem Mund,
Und selbst dem eignen Schlund.

Gewand, das fremd,
Wie Panzerhemd.

Lobst's immer, wie schön's in der Fremde sei,
Und bleibst doch immer zu Haus dabei.

Lädt einer auf, zwei ab dafür,
Füllt sich der Wagen schwerlich dir.

Drum greift zur Zange des Schmiedes Hand,
Daß sie vom Feuer nicht sei verbrannt.

Lehr' deine Kinder Kohlen nagen,
Mir schaffen die Kuchen mehr Behagen.

Den Esel führ' bis nach Paris,
Es wird aus ihm kein Gaul gewiß.

Laß deine Hunde sich beißen und raufen,
Mischt nur kein fremder sich in den Haufen.

Wer bald als Herr sich brüsten möcht',
Bleibt lange Zeit ein bloßer Knecht.

Neue zu der alten Noth:
Ein schlimmes Weib zum trocknen Brod —
Und wer es sich einmal angefreit,
Seine Noth währt alle Lebenszeit.

Noth kennt nicht Scherz,
Hat weder Schwester- noch Bruderherz.

Von fremdem Roß sitz' ab sogleich,
Wär's mitten in des Meeres Reich.

Lern' jung aus freiem Willen ertragen,
Leidst wider Willen nicht in alten Tagen.

Auch der Haushahn ist
Kampffertig auf seinem Mist.

Ziehst du den Dorn aus fremder Wunde,
Schau', daß er dich nicht selbst verwunde.

Die Mäuler zu stopfen allen Leuten,
Gäb's viele Leinwand zu bereiten.

Und sei die Kuh auch noch so gro,
War doch zuerst ein Kuhkalb bloß.

Thu' dazu, und sei nicht faul,
Krippe kommt nicht hin zum Gaul.

Altes Gut hinter rostigem Schloß
Macht neuen Adel mit blankem Troß.

Die Vögel brät sich der zum Schmaus,
Der zuerst sie holt aus dem Nest heraus.

Das merk' fein gut:
Trinkst du, vertrink' nicht den frohen Muth.

Das Aug', wo die Gunst;
Die Hand, wo der Schmerz,
Und wo Schätzchen, das Herz.

In der Kirche gebetet vom Herzensgrund,
Im Bade gesorgt, daß der Leib gesund.

Legst du in's grüne Gras dich nieder,
Nimm dort vor Schlangen in Acht die Glieder.

Kauf' den Gaul, soll er was taugen,
Nicht mit den Ohren, sondern mit den Augen.

Wen aus dem Hause sie weisen ins Weite,
Die Krähen mit Krächzen ihm geben s'Geleite.

In klappernder Mühl'
Erspar' dir s'Geigenspiel.

Verspricht dir wer zum Dank ein Schwein,
Hol' gleich den Sack, und thu's hinein.

Bei dem, der satt,
Der Hungrige nicht Glauben hat.

Dem Gaule taugt ein Haferfeld,
Den Helden macht der Hopfen, den Herren das Geld.

Fäll' deinen Spruch stets so in der Parteien Kriege,
Daß satt der Wolf, und unversehrt die Ziege.

Ein schlechter Balg, wie oft gedreht,
Gibt keinen Pelz, der für was steht.

Wer sich um Fremdes verzehrt,
Mißkennt des Eignen Werth.

Liebt ein Hund Gekeif, Gekneif,
Bellt er auf den eignen Schweif.

Treibst du in Sümpfen dich umher,
Bekommst den Kopf du fieberschwer.

Wer selbst sich aufzuspielen vermag,
Kann selbst sich vergnügen jeglichen Tag.

Aus den früher angeführten Gründen sei es mir vergönnt, einige andere böhmische Sprüchwörter hinzu zu fügen:

Mit einem Leibe von Kupfer,
Einem Herzen von Eisen,
Einer Seele von Hanfe,
Sollst Gott du preisen.

Wer zum Himmel spuckt empor,
Sein eigen Gesicht bespuckt der Thor.

Ohne Widerpart
Welkt Tugend jeder Art.

Magst Wölfe den Rosenkranz beten lehren,
Werden doch stets nach Schafen begehren.

Vor vielen hat zu fürchten sich,
Wer selber vielen fürchterlich.

Wirft wer mit einem Stein nach dir,
Mit Brod wirf du nach ihm dafür.

Wer dem Teufel Gutes thut,
Dem lohnt er mit der Hölle Gluth.

Zu Gott das Herz, zum Schwert die Hand,
Und nicht nach fremdem Gut gewandt.

Der Baum, je höher,
Der Blitz, je näher.

Wer scheut der Arbeit Ungemach,
Beregnet wird unter dem eignen Dach.

Trifft jemand nicht den Schmied zu machen,
So helf' er die Gluth mit dem Blasbalg fachen.

Es ist der Mund ein Loch gar klein,
Geh'n dennoch Häuser und Höfe hinein.

Die Schlange hinterm Hemde,
In der Tasche die Maus,
Der Funk' im Unterfutter,
Bringen kein Heil ins Haus.

Füße hat verborgtes Geld,
Augen hat das weite Feld,
Seine Ohren hat der Wald:
Die drei Dinge fein behalt!

Der Stein das Gold erkennen lehrt,
Das Gold erprobt der Menschen Werth.

Ein goldner Schlüssel öffnet aller Orten,
Die Hölle selbst, nur nicht des Himmels Pforten.

Schmackhafter das Brod im freien Stand,
Als im Joche Kuchen allerhand.

Lach' im Leide,
Zittre in der Freude.

Das Unglück schweift auf Bergen nicht,
Es schreitet hinter dem Menschen dicht.

Wer sich auf eigne Erfahrung beschränkt,
Mit goldner Angel Fische fängt.

Willst du des Wegs nach dem Knäuel nicht fehlen,
Mußt dir den Faden zum Führer wählen.

Besser, es führt der Hirsche Hauf ein Leu,
Als daß ein Hirsch der Leuen Feldherr sei.

Wer von einer Katze geboren ward,
Fängt Mäuse nur nach Katzenart.

Harte Nuß und schlechter Zahn,
Junges Weib und alter Mann,
Keines paßt dem andren an,
Besser ist ein gleich Gespann.

Das Wort, das schwalbenleicht entflogen,
Mit vier Rossen nicht wirds zurück gezogen.

Vor Pferden hüte von hinten dich gut,
Von vorn sei vor Weibern auf der Hut.

Wohl hat die Zunge Knochen nicht,
Doch entzwei die stärksten Knochen bricht.

Den Kalender machen die Menschen fein,
Gott den Regen und Sonnenschein.

In des Vergnügens Fürstenstadt
Kein Bürgerrecht die Tugend hat.

Wer liegend betet, von Faulheit bethört,
Schlummernd der liebe Gott ihn hört.

Stürzt die Eiche bei des Waldes Zittern,
Sammeln sie Holz von ihren Splittern.

Geweinte Thräne glänzt wohl hell,
Doch trübet sie das Auge schnell.

Wer wandelt in der Sonne Licht,
Achtet des Monds und der Sterne nicht.

Es ist kein Kirchlein rings umher,
Drin nicht ein Mal im Jahre Kirchweih' wär'.

Eier von heute,
Brod von gestern,
Vorjähriger Wein,
Am besten gedeih'n.

Magst du dich nicht nach dem Winde dreh'n,
Er wird dir Sand in die Augen weh'n.

Den böhmischen Kopf, leicht kennt man ihn:
Bei jedem Schlag ihm Funken entsprüh'n.

Wo zwei, guter Rath;
Wo drei, oft Verrath.

Ein großer Vogel im Forst
Braucht einen großen Horst.

Um ein Wolf zu sein mit Wolfsbegier,
Braucht der Mensch nicht eben der Füße vier.

Auch die Sonne manchmal doppelt ist,
Und zeigt sich dort, wo sie nicht ist.

Stets genug hat der Mensch mit einem Gott,
Mit einem Freund wird er oft zum Spott.

Auf einem Fuß die Lüge geht,
Auf zweien die Wahrheit fortbesteht.

Geht Gott voran, und folgst du nach,
Dräng' hinten der Teufel, so viel er mag.

Fromme Gabe
Mehrt die Habe.

Reichthums Besitz so hoch nicht entzückt,
Als Reichthums Verlust danieder drückt.

Koch' dein Gericht
An fremder Hoffnung Flamme nicht.

Wer sein Vaterland nicht liebt mit Glut,
Der kämpfet gegen das eigne Blut.

Gottes Rad
Mahlt spat.

Das Wasser ertrinkt nicht,
Das Feuer verbrennt nicht,
Die Wahrheit vergeht nicht.

VII.

Smil's neuer Rath.

„Der neue Rath" ist eine Dichtung, in welcher nebst dem Löwen 44 Thiere redend auftreten. Sie sollte wahrscheinlich ein Rath sein für den jungen König und Kaiser Wenzel, als er, mit natürlichen Fähigkeiten reichlich ausgestattet, so daß sich damals noch troß seinen schon bemerk= baren Fehlern Bedeutendes von ihm hoffen ließ, nach dem Tode seines Vaters Karls IV. die Regierung antrat. Andeutungen von Wenzels Cha= rakter, so wie Anspielungen auf Karl IV. und dessen Vorgänger Johann von Luxemburg sind in der Dichtung unverkennbar. Warum aber die Dich= tung gerade den Namen des neuen Rathes führe, ob in Bezug auf eine andere Arbeit desselben Verfassers, welche „der Rath des Vaters für den Sohn" überschrieben ist, oder in Bezug auf eine ähnliche Arbeit eines an= deren Verfassers, oder weil die Sache überhaupt etwas Neues hatte, läßt sich, so wie die näheren Umstände der Dichtung überhaupt, wohl nicht mehr ermitteln.

Ihr Kunstwerth ist nicht sowohl in die Erfindung, als vielmehr in die Zusammenstellung, Behandlung und Ausführung zu sehen. Was die Erfindung betrifft, so mochte diese dem Dichter durch die Fabel, welche schon lange früher in Böhmen gepflegt wurde, und durch die weit verbreitete, viel= leicht indoeuropäische, Thiersage dargeboten sein. Aber wie schön ist die Arbeit angelegt! Wie interessant entfaltet sich allmählig das Ganze, und schürzen und lösen sich die einzelnen Knoten! Welch lebendiger Kampf der Parteien von wahrhaft dramatischer Wirkung! Wie mannigfaltig sind die Rollen, wie zweckmäßig zur Durchführung der Idee vertheilt, wie psycho= logisch wahr die Charaktere, oft nur mit einigen Strichen, und wie fest und sicher gezeichnet! Wie weiß der Dichter die verschiedensten Töne des Scherzes und Ernstes, vom spielendleichten bis zum tragischgewichtigen, zu beherrschen! Wie sinnig und gemüthlich ist er, und wie witzig und satyrisch dabei! Wie fügsam und willig gehorcht ihm die Sprache von der Ausmalung bis zur sprüchwörtlichen Kürze! Und nirgend etwas Gesuchtes, Gezwungenes, Ge= schraubtes, überall, im Zarten, wie im Derben, unverdorbene kerngesunde Natur.

Nebst ihrem Kunstwerthe besitzt aber die Dichtung auch historische Bedeutung. Ich meine nicht jene historische Bedeutung, die oft auch un= erheblichen Schriften zukommt, inwiefern sie ohne alles Zuthun des Ver= fassers, da sich kein Schriftsteller den Einflüssen seiner Zeit ganz entziehen kann, ein gewisses Zeitgepräge an sich tragen, sondern jene historische Be= deutung, die der Verfasser mit Bewußtsein und Absicht in sein Werk legt.

Dazu war unserem Smil von Pardubic auf seinem hohen Posten allerdings die Möglichkeit geboten. Er hatte da hinlängliche Gelegenheit, seine Mitwelt genau kennen zu lernen, mit ihr in die mannigfaltigsten Berührungen zu kommen, sich eine vollkommene Ein = und Uebersicht zu verschaffen. Für seine Zeitgenossen mußte in dieser Hinsicht sein literarisches Product natürlich noch größeres Interesse haben, als für uns; denn wie unter dem Löwen der junge König Wenzel vorgestellt wird, so stecken vermuthlich hinter den übrigen Thieren andere damals lebende Personen verborgen, und Smils Zeitgenossen mögen so manche Beziehungen bekannt gewesen sein, die uns gegenwärtig nicht mehr klar sind. Allein deſſen ungeachtet besitzt der „neue Rath" auch für uns des historischen Intereſſes noch genug. Wir sehen Böhmen in seiner ganzen damaligen Verfaſſung, in seinen äußeren und inneren Beziehungen, seine Aemter und Stände, seine Sitten und Gebräuche, die Vorzüge und Mängel des Zeitalters. Das Werk liefert ein sprechendes, bis in seinen Zügen, Linien und Punkten bedeutsames Gemälde.

Womit aber der Dichter seinem Werke die Krone aufsetzt, das ist deſſen sittliche Tüchtigkeit, die sich mit reifer Lebensklugheit paaret: denn welchen selbstständigen Werth auch ein Kunstwerk für sich, als schöngeistiges Product besitze, das unterliegt doch keinem Zweifel, daß jedes Menschenwerk, je mehr Vorzüge es in sich vereint, um desto vollkommener ist, und daß sittliche Bedeutung der höchste Vorzug, den es mit seinen übrigen Vorzügen vereinen kann. Das horazische Sprüchlein: „Omne tulit punctum, qui miscuit utile dulci" bleibt unwiderlegbar, wenn es gehörig aufgefaßt wird. Doch ist die Sittlichkeit, die sich in dem „neuen Rathe" ausprägt, keine metaphysisch = ideale, sondern mehr eine verständig= praktische, die sich daher auch gern in körnigen Sprüchwörtern äußert, aber gleichwohl eine voll tiefer Wahrheit, aus des Herzens Grunde geschöpft nach bestandener Feuerprobe der Erfahrung. Es sind in dem „neuen Rathe" Grundsätze und Ansichten zu einer Perlenschnur an einander gereiht, die von Hoch und Niedrig alle Beherzigung verdienen.

Ich will hier den Stoff in treuer Erzählung wiedergeben, und der größeren Klarheit wegen einige Stellen meiner deutschen Bearbeitung einflechten. Der junge Löwe, als er nach dem Hinscheiden seines Vaters zur Regierung gelangt, findet es angemeſſen, die Großwürdenträger seines weiten Reiches zu berufen, um mit ihnen Rath zu pflegen, wie er nach dem Beispiele seines erlauchten Vorfahrs glorreich und ersprießlich herrschen könnte. Auf sein Wort versammeln sich Thiere, Vierfüßler und Vögel, in Haufen aus allen Enden der Welt. Der Löwe zeichnet am meisten den edlen Aar aus, zu dem er in einem besonderen Freundschaftsverhältniſſe steht, und fordert ihn zuerst zum Sprechen auf. Doch dieser, mehr ein Bewohner der himmlischen, luftigen Höhen, als der festen Erde unten, zögert, indem er vorgibt, zu wenig Welterfahrung zu besitzen, bis er, vom neuen gedrängt, kühn und unbefangen beginnt:

Der Adler.

Mein Herr und König! Weil du's begehrst,
Und gnädig meine Worte hörst,
So sei darauf vor allem bedacht,
Und sorgsam nimm es stets in Acht,
Es sei im Glück, in Trübsals Schmerzen:
Daß du bewahrest Gott im Herzen.
Denn er vor so vielen in der Welt
Hat dich auf solche Höh' gestellt,
Und Güter dir und Ehren geschenkt,
Weil seine Macht das Ganze lenkt;
Denn er kann geben und nehmen wieder,
Lebendig machen und tödten die Glieder,
Dich führen zu Himmels Seligkeit,
Und auch verderben für alle Zeit.
Drum fürcht' und ehr' ihn mit frommem Sinn,
Furcht Gottes ist der Weisheit Beginn.
Doch fürcht' ihn nicht nach Art der Thoren,
Der Knechte, die feig den Muth verloren,
Der Sünder gar — nein, thu's in Liebe!
So liegt's ja in des Menschen Triebe,
Daß, ob er Greis sei oder Kind,
Wo einen holden Freund er gewinnt,
Er ohne Falsch aufrichtig ihn liebt,
Für Gutes Dank zurück ihm gibt;
Und welch Geschöpf hätt' aus Gottes Händen
Erhalten nicht die reichsten Spenden!
Wie bist du selbst durch ihn beglückt!
Doch weil er mit Gaben dich so geschmückt,
So sei nicht karg mit dem, was du hast,
Und hüt's nicht ängstlich als todte Last:
Von dem, was dir zufällt, gib auch andern,
Laß deine Fülle die Länder durchwandern;
Denn Geiz nicht stehet dem Herrscher an,
Besser, freigebig wohlgethan,
Und hast du Ehre vor Gottes Thron,
Ist ja der größte Reichthum dein Lohn.
Dies, König, wollt' ich kurz dir sagen,
Verzeih mir solches kühne Wagen,
Und was ich in schlichter Einfalt rieth,
Führ' es in Gnaden dir zu Gemüth!

Der Löwe ist von dem Rathe des Adlers sehr erbaut, ja er bietet ihm den Sitz neben sich, und wendet sich nun zu dem ihm gleichfalls hochwerthen Leoparden, dem treuen Schützer seines Guts und Lebens, wie er ihn nennt:

Der Leopard.

Mein König, ich lobe vom Herzensgrund,
Was du gehört aus des Adlers Mund.
An deinem Beispiel alles liegt,
Das jedes andre überwiegt,
Und darum mußt an Gott du halten,
Um aller Tugenden Flor zu entfalten.
Doch dir's zu erleichtern, sei's dein Streben,
Nicht mit schlimmen Räthen dich zu umgeben;
Sie bringen dich in Verruf bei den Leuten,
Die dir's dann, und nicht ihnen deuten:
Die bösen Rather, halt sie fern,
Nach seinem Diener nimmt man den Herrn.
Auch wähle der Rather dir nicht viele,
Laß Fremde und Pagen aus dem Spiele;
Wo viele Köpfe, da gibt's viel Streit,
Ist keine rechte Einigkeit,
Und Unheil wächst früh oder spat:
Ein weites Reich, 'nen engen Rath.
Doch nach der Berathung, dann magst im Saale
Du sitzen beim königlichen Mahle,
Wo edle Gäste sich um dich reih'n;
Lad' auch der Kirche Prälaten ein,
Und verlangt dann jemand bei dir Gehör,
Sei freundlich, daß sich die Welt nicht beschwer',
Und nie sei, was du einmal versprochen,
Nach Kaufmannsart von dir gebrochen:
Ueber jedes Wort sei Königswort,
Im Schwanken der Ding' ein fester Hort!
Dies mein' ich, o König, zum Heil dir und Frommen,
Doch sind viel' andre auch gekommen,
Und harren, bis jetzt noch unvernommen.

Da hat der flinke, muthige, hoch= und weitstrebende Falke keine
Ruhe:

Der Falke.

Es meldete sich der Falk sogleich:
Ja, König, sei hold und gnadenreich,
Und laß die Deinen nicht bedrücken;
Doch mußt drum über die Gränze blicken.
Wenn die Bedrückung von dorther droht,
Gewalt sie üben mit Feuer und Tod,
Wenn sie durch Hochmuth es verschulden,
Dann darfst du's bei deiner Ehr' nicht dulden.
Fall' über sie her in deiner Macht,
Und bezwinge sie, noch eh' sie's gedacht;
Doch wenn sie dir willfährig sich beugen,
Mögst wieder hold dich ihnen bezeigen.

So greif' stets weiter in Zorn und Gnad'
Rundum bis zu des Meeres Gestad'!

Es meldet sich auch in sehr charakteristischer Art und Weise der Bär:

Der Bär.

Aus jedem sein eigen Wesen spricht,
Es trifft die andern mein Tadel nicht.
Ich, König! kann dir den Rath nur geben,
Nach deinem Gefallen stets zu leben.
Süß getrunken und süß gegessen dazu,
Auch fleißig gepflegt der süßen Ruh',
Und wem's von den Deinen nicht recht sein mag,
Versetz' ihm einen derben Schlag;
Daß er schweige oder zerschell' zu Splittern;
Vor deinem Willen sollen sie zittern,
Und was du thust, das sei gelobt:
Dadurch sich ein tüchtiger König erprobt.

Hiermit hat der Dichter eine Verschiedenheit der Parteien in der berathenden Versammlung angedeutet, und führt nun das Gemälde immer weiter aus. Vorerst läßt er den weisen Kranich mit seiner Stimme einfallen:

Der Kranich.

Mein Rath ist: Sei mehr zum Hören bereit,
Als zum Sprechen in Voreiligkeit!
Das Sprechen hat schon viel Schaden gemacht,
Das Schweigen selten noch Reu' gebracht.
Wer die Kunst zu reden lernen will,
Der übe sich früher zu schweigen still.
Zwei Ohren hat jeder, nur einen Mund,
Er höre mehr, als er sprech', ist der Grund.
Laß andre lärmen, wie's ihnen gefällt,
Du schweig' und merk', was die Red' enthält.
Kitzlich Ding vom König gesprochnes Wort,
Es klingt noch nach Jahrhunderten fort,
Es wandert bis in das zehnte Land,
Bleibt selbst in Rom nicht unbekannt.
Sprich wenig, aber handle viel,
Das fördert dich zu deinem Ziel.
Sieh nach, wie's an deinem Hof hergeht,
Bei den Aemtern dort in Ordnung steht;
Denn nah' betrifft das deine Ehre,
Mußt sorgen, daß dein Ruhm sich mehre;
Und sehn sie, du sehest fleißig nach,
Trägt's gute Früchte mannigfach.
Mögst weiter forschen und nicht leiden,
Daß ungerecht die Richter entscheiden,

Damit nicht die Witwen und Waisen und Armen
Gekränket aufschrei'n um Erbarmen,
Und die Schuld mit ihrer Schwere sich
Nicht wälze, mein junger König, auf dich;
Denn zumeist durch deiner Gerichte Walten
Uebst du die Macht, die von Gott du erhalten.

Allein trotz dem, daß der Löwe den Kranich außerordentlich belobt, und dadurch deutlich zu erkennen gibt, wie sehr er sich zur guten Seite hin- neige, wagen der Wolf und der Geier dennoch den Versuch, ihn für ihre Ansichten zu gewinnen:

Der Wolf.

Wer Tüchtiges möcht' in der Welt vollbringen,
Leid' Hunger nicht vor allen Dingen;
Kann's aus der eignen Erfahrung sagen,
Der Muth, die Kraft kommt von dem Magen.
Und was, o König, hindert dich?
Kein größrer Herr ist sicherlich,
Kannst überall nehmen, was dir beliebt;
Drum wink' nur, wo's zu thun was gibt,
In Höfe brech' ich, in Kammern ein,
Und bringe dir Bissen, die dich freu'n.
Komm' dann, wer mag, um Klage zu führen,
Du weis' ihn weg von deinen Thüren;
Wer den Schaden hat, trägt die Schuld,
Verschwend' an ihn nicht deine Geduld.
Auch sind wir Wölf' im ärgsten Falle
Zum offenen Kampf gerüstet alle,
Und wen wir umschweifen, den faßt Graus,
Sehn furchtbar in unsren Kapuzen aus.

Der Geier.

So lob' ich mir's! Auch forsch' umher
Nach Todten in die Läng' und Quer',
In welchem Hause wer verstorben,
Der groß Besitzthum sich erworben.
Dazu taug' ich, und thu' es gern,
Wittre die Leich' schon aus der Fern',
Und zeig' es an mit grellem Pfeifen:
Da gilt's bei der Erbschaft zuzugreifen.
In der Landtafel ohnehin
Verwirrung herrscht, uns zum Gewinn,
Wenn vieles Gut wird hinterlassen:
Wir können erraffen und verprassen.

Doch der junge Löwe ist zu edel, um auf solche frevelhafte, erbärmliche Vorschläge einzugehen; er hat genug vernommen, und erzürnt wehrt er dem

Geier weiter zu sprechen. Da bekommen auch die sanfteren, furchtsameren Thiere Muth, ihre Stimme zu erheben. Es räth der Hirsch zur Friedfertigkeit, und erinnert den König, wie herrlich so manche von dessen Ahnen gerade durch Werke des Friedens gewesen. Der Hase benutzt gleichfalls die Gelegenheit, sich geltend zu machen, durch seine Bemerkung die reiche Ader von Witz und Laune verrathend, die in des Dichters Werken überhaupt fließt:

Der Hase.

Wo nicht Gefecht und Balgerei,
Da bin auch ich recht gern dabei,
Und König merk': Der kluge Held
Sich auch den Rückzug offen hält,
Und wer am Ende nicht siegen kann,
Bei dem kommt's doch aufs Laufen an.

Der geschmeidige Papagei widerräth den Eigensinn. Auch der Esel ungeachtet seiner langen Ohren getraut sich zu sprechen:

Das Eselein.

Wo hohe Herren zu tagen beschlossen,
Bin ich mit Vettern und Genossen
Zu solcher Ehre selten erkoren,
Man spottet unsrer langen Ohren.
Nun, meine Last, wenn sie auch nicht klein,
Zu tragen, muß gefaßt ich sein.
Auch, König, du hast auf deinen Rücken
Eine Last genommen, schwer zum Erdrücken;
So trage sie geduldig auch
Nach meiner Sitt' und meinem Brauch.
Die große Würden auf sich nehmen,
Müssen sich alle dazu bequemen;
Nur daß sie's manchmal bequem sich machen,
Des Leibes pflegen vor andren Sachen,
Und nicht drauf achten, wo jemand schon
Gestolpert unter Feindeshohn,
So daß sie Schaden dadurch erfahren.
Davor, gleich wir, mög'st du dich wahren!

Die Taube warnt vor Jähzorn, das Lamm vor Hochmuth, der schlaue, durchtriebene Fuchs ist nicht weit von ihnen. Ihm sagen weder die letzten Rathschläge, noch die früheren zu; er hat sich ein eigenes Plänchen ersonnen, mit dem er zu seinem und seines Anhangs Vortheil die Pläne der ganzen übrigen Versammlung zu durchkreuzen hofft. Wie trefflich schildert ihn der Dichter:

Der Fuchs.

Mein theu'rer König, in Ruhmes Prangen
Aus Königsblut hervorgegangen,
Bist schön, bist jung, hast im Ueberfluß,
Was nur das Herz begehrt zum Genuß,
Bist auch so klug, so gelehrt und weise,
Wozu da die vielen Rather im Kreise?
Die großen Herren, die du berufen
Vor deines erhabenen Thrones Stufen,
Sie wollen ja nur ohnehin,
Du sollest handeln nach ihrem Sinn,
Und belügen dich noch obendrein.
Wozu soll diese Fessel sein?
Entlaß sie, und handle, wie dir's beliebt!
Und brauchst du just wen, der Rath dir gibt,
So hast du uns Kleine. Wir wollen späh'n,
Und genau dir berichten, was gescheh'n;
Und vertraust du uns was, wir wollen's bewahren,
Es keiner Seele offenbaren,
Und spähen vom neuen willig nach,
Und vertrauen dir's wieder im stillen Gemach.

Da gab dem Fuchse das Mardergeschlecht,
Und die Otter, und mancher andre noch Recht.

Allein die Partei des Kriegs und der Gewalt hat ihren Muth noch
nicht verloren. Sie sucht den Löwen nach der Rede des Fuchses, dessen Hinter-
list ihr nicht entgangen sein mag, abermals, nur durch andere Motive, für
sich zu gewinnen. Die Weihe fordert ihn, so lange er noch Jugendkraft
besitze, zum ritterlichen Heldenthume auf; der Pfau räth ihm äußerliche
Pracht an, damit er durch sie dem Volke gehörig imponire; das Roß ergießt
sich in das Lob glanzreicher Turniere; auch macht ihn der Igel in Kürze
aufmerksam, daß er seine Burgen und Festen mit dem Nöthigen verprovian-
tiren möge, und der kluge Luchs ertheilt ihm eine Anweisung, wie er seinen
Angriff auf den Feind einzurichten habe. Nach Kriegsstrapazen ist Erquickung
nöthig; daher ladet ihn der Biber zu Bädern ein, und räth ihm, zu diesem
Behufe seine Schlösser lieber im Thal, am Wasser zu bauen, und zwar aus
Holz, da sie dann, wenn beschädigt, leicht wieder hergestellt werden könnten,
wogegen jedoch die Schwalbe bemerkt, mit Mörtel und Stein zu bauen,
sei besser. Hiermit aber erhält die Sache eine andere Wendung. Die friedlichen, gutmüthigen Thiere beginnen sich wieder zu regen. So zuerst die
behagliche Gans:

Die Gans.

Ich rathe dir, dich umzuschau'n
In den Gärten und auf den Au'n.

Es ist ergötzlich, so zu spazieren,
Nur darfst du dich nicht zu weit verlieren;
Eine Meil' aufs höchste dich entfern',
Dann kehre wieder nach Hause gern,
Und daß auf dem Wege kein Durst dich plage,
Ein Fläschchen Wein stets bei dir trage.

Aber wie schön lassen sich die Lerche und die Nachtigall vernehmen, um dem König in dem betäubenden Gewirr von Rathschlägen Trost und Muth in die Seele zu flößen!:

Die Lerche.

Sei heiter und bleibe bei frischem Muth,
Ergeht es dir auch nicht immer gut;
Es kann auf der Erde nicht anders sein,
Da wechselt Regen mit Sonnenschein.
Tief unter uns die Hölle klafft,
Wo das Elend waltet grausenhaft;
Hoch über uns breitet der Himmel sich,
Wo die Freude wohnt gar wonniglich,
Und zwischen die Höllen= und Himmelswelt
Ist unsre Erd' in die Mitte gestellt.
Es ist auf ihr nicht so wonnig und schön,
Wie dort in des Himmels goldnen Höh'n;
Doch ist's auf ihr auch so traurig nicht,
Wie dort in der Hölle ohne Licht.
Sei heiter drum und nimm vorlieb,
Und nicht übers Kleinste dich gleich betrüb',
Und wird dir zu bang im Weltgetümmel,
So blick' empor zum blauen Himmel!

Die Nachtigall.

Hab' immer gern um dich Gesang
Und süßer Instrumente Klang,
Wo sich zum Ganzen bunter Art
Einig ein Ton mit dem andren paart;
Besonders, wenn die Frühlingszeit
Den Strauch belebt, den Menschen erfreut,
Und wenn mit Blumen allerlei
Das ganze Land verklärt der Mai,
Wenn der Wind in sanftem Fluge zieht,
Und hold erschallt der Vögel Lied,
Des Tags, bei Nacht, im Morgengrau,
In Wald und Hain, auf Feld und Au.
Das spricht gewiß auch zu deinem Herzen,
Und lindert deine Sorgen und Schmerzen.
Und wenn dein Herz erleichtert schlägt,
Und froher sich dein Blut bewegt,

Vergiß nicht, dem auch Dank zu bringen,
Der dich erquickt mit dem Blühen und Klingen!

Die Nachtigall hatte kaum geendet,
Ward vom Stieglitz und Zeisig Lob ihr gespendet,
Und lustig schmetternd stimmten die Reih'n
Der sämmtlichen kleinen Vögelein
In das Lob und den Preis der Nachtigall ein.

Noch aber ist eine höchstgefährliche Partei vorhanden, die, um zu ihrem Ziele zu gelangen, auf den von der Gans angeregten Gedanken der Behaglichkeit eingeht, und den jungen, unerfahrenen König zu schnödem Sinnenvergnügen zu reizen trachtet. Diese Partei wird durch den einsamen, verbuhlten Auerhahn, durch die des Nachts schwärmende Eule, durch das unfläthige Schwein repräsentirt, dessen Rede jedoch der bei aller Lebenslust und Fröhlichkeit tugendfeste Dichter, in eigener Person hervortretend, verschämt abkürzt, gleichwie der edle Königsjüngling früher dem Geier das Wort genommen. Da erheben das fleckenreine Einhorn und das nette Turteltäubchen ihre Stimmen, und ermahnen den König zu Zucht und Keuschheit. Es sagt der muntere Hahn:

Der Hahn.

Ich rathe dir, König, schlaf' nicht lang',
Und fröhne nicht des Leibes Hang;
Im langen Schlaf ist Teufels Fint',
Er führt dich im Traum von Sünd' zu Sünd'.
Früh auf, früh auf, und ans Geschäfte,
Daß dich die Trägheit nicht entkräfte;
Und all' die Schläfer, weck' sie auf,
Und bringe sie in Gang und Lauf,
Mit Wort und That, durch gute Zucht:
Das trägt dem ganzen Reiche Frucht.

Der gesellige, sprechlustige Staar räth ihm, nicht zuviel für sich allein zu bleiben, sondern sich lieber unter die Menschen zu mischen, um mit ihnen recht bekannt zu werden; auch möge er in der Gesellschaft lernen, seine Worte gehörig zu stellen. Das an Wintervorrath denkende Eichhorn ermahnt ihn, dauerhafte, bleibende Schätze zu sammeln, bis sich der vorwitzige Affe mit seinem Rathe herandrängt:

Der Affe.

Mußt dich umtreiben in allen Sachen,
Auch lernen zaubern und Gold machen,
Und allerlei Sprachen, die unbekannt,
Das Wappen von jedem fremden Land;

Mußt dich in alle Ding' einlaſſen,
Mit jedem Handwerk dich befaſſen,
Und ſagen ſie, du verſtändeſt's nicht,
Dich kümmre nicht, was ein andrer ſpricht.
Auch Kleider von neuem Stoff und Schnitt,
Gleich ſchaff' ſie dir an, und puṭ' dich damit.

Noch ein Mal erhebt ſich im goldhütenden Greif das böſe Princip, und ſtachelt den Löwen zur Habſucht, allein das gute Princip ſcheint immer mehr und mehr die Oberhand zu erlangen. Die genügſame Meiſe wider= legt den Greif, und preiſt den für den glücklichſten, der am wenigſten be= gehrt. Es läßt ſich auch das getreue Hausthier, der Ochs, vernehmen:

Das Ochslein.

Erwäge zuvor gewiſſenhaft,
Dann aber ſeṭ' es durch mit Kraft,
Und keiner Macht ſoll es gelingen,
Von ſolchem Beſchluß dich abzubringen.
Nur gute Abſicht ſtets dich leit',
Sei lautre Wahrheit und Redlichkeit;
Doch dem Lobe aller mußt entſagen,
Kannſt Guten und Schlechten nicht gleich behagen.

Die im Lande überwinternde Krähe, welcher der Rabe, die Aelſter, der Spaṭ und der Ammer beiſtimmen, ermahnt den Löwen, wohl auf die Zukunft bedacht zu nehmen, doch zuerſt das Nächſte ins Auge zu faſſen, und ſeine Angelegenheiten daheim gehörig zu beſorgen; der Hund empfiehlt ihm, ſich überall mit treuen Wächtern zu umgeben, auch beim Schmauſe, wo der Rathgeber natürlich ſelbſt manches zu erhaſchen hofft, ſo wie der Jagd, als eines herrlichen Vergnügens, zu pflegen. Die Kaṭe fordert ihn auf, den beſonders gern bei Nacht umher ſchleichenden Uebelthätern nach= zuſpüren, indem der gravitätiſche Storch auf die Wichtigkeit hinweiſt, daß das Strafrichteramt nur tüchtigen Männern von gediegenem Charakter anvertraut werde:

Der Storch.

Doch ſorge, daß des Geſeṭes Rächer
Selbſt ärger nicht, als die Verbrecher;
Daß ſie, ſtatt nach des Gutes Dieben,
Nicht nach dem Gut zu haſchen belieben,
Und ſtatt den Schuldigen zu ſtäupen,
Aufs Blut nicht den Unſchuld'gen kneipen:
Wähl' Leute aus zu ſolchem Amt,
Die ehrlich und wacker insgeſammt,
Daß ſie die Räuber auf den Wegen,
Brandſtifter und Mörder tilgen zum Segen,

Und ahnden jeglicher Bosheit Wüthen:
Gib Wölfen nicht die Schafe zu hüten!

Noch legt dem Löwen das geduldige Kameel Mitleid und Mäßigung, der gegen seine Jungen zärtliche Elephant die Sorge für dessen Kinder an's Herz, damit diese gottesfürchtig aufwachsen, worauf der Dichter in seiner Laune nicht umhin kann, im Gegensatze zu dem riesigen Elephanten auch das kleine Wiesel ein paar passende Worte sprechen zu lassen:

Das Wiesel.

Mög'st nur noch eines nicht vergessen,
Und nicht nach der Elle alles messen;
Es ist so mancher kleine Mann,
Der auch was versteht, der auch was kann,
Und, fehlt es ihm an Leibesgröße,
Durch seine Gewandtheit deckt die Blöße.
Drum sei der Kleine auch geehrt,
Besitzt er irgend einen Werth.

Zum Schlusse singt der Schwan sein inhaltschweres Schwanenlied:

Der Schwan.

O König, o König, sieh vorwärts hin
Mit prüfendem Geist, mit ernstem Sinn,
Wohin dein Leben, wohin es fließt,
Wie's plötzlich vielleicht ins Grab sich ergießt,
Und wie jenseits des Grab's ein zweites Leben,
Wo du vom ersten wirst Rechenschaft geben!
O König, o König, sieh rückwärts hin
Mit prüfendem Geist, mit ernstem Sinn,
Ob du die unersetzliche Zeit
Auch immer dem wahren Guten geweiht;
Und hast du's nicht, so wein', so wein',
Und beginn' ein andres Wesen zu sein,
Wein' später noch oft, bis du's begonnen:
Wer in Thränen sä't, wird ernten in Wonnen.

VIII.

Aus den übrigen Literaturproducten dieses Zeitalters verdienen hervor gehoben zu werden:

I. Poesie:

A. Weltliche: Historische Dichtungen, die König Přemysl Otakar II., König Johann von Luxemburg, und merkwürdige Helden und Begebenheiten feiern, meist aber nur in Bruchstücken vorhanden sind — Dalemils gereimte Chronik, von der schon (Wyšehrad VIII.) Erwähnung geschehen — Minnedichtungen, worunter Ikableček's, später auch ins Deutsche übersetzte, Liebesklage. Ikableček und seine Geliebte Adelheid lebten in der zweiten Hälfte des 14. Jahrhunderts am Hofe der verwitweten Königin Elisabeth zu Königgrätz. Als sie sich mit einem Anderen vermählte, verewigte er ihre Schönheit und Tugend mit seiner Feder, die er nach seinem Namen (deutsch: Weber) das Weberschifflein nannte, in einem Gespräche zwischen dem Kläger und dem Unglück — Satyren über Rathsherren und Handwerker nebst einer wohl schon dem 13. Jahrhunderte angehörenden äsopischen Fabel vom Fuchse und dem Krug. — Der Menschen Gestalten und ihre Charaktere, eine Art Vorläufer zu Lavater's Physiognomik — Bearbeitungen von epischen Stoffen, die damals europäische Beliebtheit hatten, und von den Deutschen zum Theil eben so nach fremden Mustern bearbeitet wurden, wie von den Böhmen zum Theil nach deutschen, so Stoffe aus dem Sagenkreise von König Artus Tafelrunde und antike Stoffe. Von diesen Bearbeitungen haben sich meist nur Bruchstücke erhalten. Unter ihnen verdienen die 3274 Verse einer Alexandreis besondere Auszeichnung. Die Sprache darin ist so musterhaft, daß Einige den Herrn Smil von Pardubic für den Verfasser halten. Merkwürdig ist es übrigens, daß Bearbeitungen von Stoffen aus dem Sagenkreise von Karl dem Großen und Bearbeitungen von deutschen Nationalstoffen nicht vorkommen.

B. Geistliche und in das Gebiet der Moral einschlagende: Der Salbenhändler und das heilige Grab, zwei dramatische geistliche Spiele. Das erstere, ein Bruchstück, ist theils ernst, theils komisch gehalten, und in den komischen Partien voll derben, körnigen Witzes. Es scheint schon im 13. Jahrhundert gedichtet zu sein, und wurde vermuthlich von den prager Studirenden schon unter König Wenzel II. aufgeführt, da unter ihm die prager Schulen so blühten, daß bereits er, wie früher (Wyšehrad VII.) bemerkt wurde, den Gedanken nährte, eine Hochschule zu gründen. Das zweite Stück ist nach dem lateinischen Text: „Omnipotens pater altissime, ad monimentum venimus" gedichtet — Die königsgräzer Handschrift, nicht zu verwechseln mit der königinhofer (S. Wyšehrad IX). Sie enthält nebst mehreren weltlichen Dichtungen eine poetische Darlegung der zehn Gebote Gottes und eine wohl schon aus dem 13. Jahrhundert rührende Legende vom h. Prokop (s. Wyšehrad V.) — Bruchstücke biblischer Erzählungen — Die Jugend Jesu — Der Streit der Seele mit dem Leibe — Die sittliche Erneuerung des Menschen, nach Alan's von Holland lateinischem Anticlaudianus bearbeitet, ein getreues Bild der damals herrschenden Philosophie — Von den 27 Narren — Die Wahrheit — Worte eines Jünglings und eines Greises — Geistliche Lieder, unter welchen das (Wyšehrad V. gegebene) Sct. Wenzelslied.

II. Prosa:

A. Weltliche: Pulkawa's Chronik — das Leben Karls IV., das schon (Hradschin I.) erwähnt wurde, von Karl IV. selbst in lateinischer Sprache verfaßt, und von einem Unbekannten, vielleicht von Pulkawa, der seine Chronik früher lateinisch, und dann auf Karl IV. Antrieb böhmisch schrieb, ins Böhmische übertragen — Historische Urkunden, die unter König Wenzel IV. böhmisch aufgesetzt zu werden anfingen, nachdem sie früher lateinisch, mitunter auch deutsch, abgefaßt worden waren — Das Buch des alten Herrn von Rosenberg über das Verfahren bei Gericht — eine Gerichtsordnung für das Königreich Böhmen — des Andreas von Dubá Interpretationen zum böhmischen Landrecht — eine Krönungsordnung der böhmischen Könige, von Karl IV. in lateinischer Sprache vorgeschrieben, dann in's Böhmische übersetzt — Chronik der römischen Kaiser, von Lorenz von Březowá aus dem Lateinischen übertragen — Wörterbücher, worunter auch ein lateinisch-, deutsch-, böhmisches — der Elucidarius, Erklärungen und Erläuterungen zu allen damals bekannten Gegenständen der Welt enthaltend, eine Art Universal-Encyklopädie, allgemein beliebt.

B. Geistliche und in das Gebiet der Moral einschlagende: eine Uebersetzung der ganzen Bibel (in der k. Bibliothek zu Dresden) — Das Leben Jesu, nach den vier Evangelien bearbeitet — Legenden von den Slawenaposteln Chrill und Method (s. Wyšehrad V.), von Herzog Wenzel dem Heiligen (s. eben daselbst), vom h. Veit, ferner vom h. Peter, Clemens, Georg, von der h. Katharina, Hedwig u. s. w. — Des schon (Hradschin II.) erwähnten Milič von Kremsier Erbauungsschriften — Des berühmten regensburger Bischofs Albertus Magnus Paradisus animae oder De virtutibus libellus, von einem Unbekannten frei im Böhmischen bearbeitet, da das Orginal nur 42, die Bearbeitung 62 Kapitel zählt.

Dies nur eine höchst gedrängte Uebersicht. So hoch stand damals die böhmische Literatur, und so weit verbreitete sie sich, mit glücklichen An= fängen selbst in der schwierigsten aller Wissenschaften, der Philosophie, durch eine eigene Mischung von Klarheit und eindringender Schärfe des Denkens und von geregelter Pantasie mit Lebhaftigkeit und Innigkeit der Empfindung charakterisirt. Sie hielt damals mit der deutschen Literatur gleichen Schritt, und war verhältnißmäßig, Volkszahl gegen Volkszahl ge= nommen, nicht minder reich. Allein um dies nach der Pflicht der Gerechtig= keit zugestehen zu können, muß man sich freilich um böhmische Literatur be= kümmert haben, und nicht damalige Zustände mit späteren verwechseln. Ehe wir jedoch zur Besprechung dieser schreiten, haben wir noch die furcht= bare Hussitenperiode zu betrachten. Wohlan auf den Zizkaberg!

Blick vom Žižkaberg.

I.

Wir haben unseren jetzigen Standpunkt auf dem Zizkaberg genommen. Auch von hier sehen wir das hundertthürmige Prag mit seinem Häusermeer vor uns ausgebreitet. Nur haben wir, während wir vom Hradschin aus den Aufgang vor uns hatten, jetzt den Untergang vor uns, wo sich eben der prächtige Hradschin und der grüne Lorenzberg mit seinem Mauerkamm erheben. Das ist nicht ohne Bedeutung; auch in der geschichtlichen Periode, die wir zu betrachten uns anschicken, haben wir den Untergang vor uns, einen rothen, blutigen Untergang. Zunächst vor uns liegt das gewerbflei=ßige Karolinenthal und der Eisenbahnhof, einer der schönsten Europas. Durch Karolinenthal über die Moldau und ihre Inseln führt die eine Bahn nach Dresden, die andere, gerade unter uns am Fuße des Zizkaberges sich dahin ziehend, nach der Hauptstadt des großen, mächtigen Oesterreichs. Glückliches Zeichen des Friedens, des freundlichen Verkehrs zwischen Völ= kern und Staaten! So friedlich, so freundlich gestaltete es sich hier vor etwas mehr, als vierhundert Jahren, nicht.

Es war am 14. Juli 1420, als der noch nicht anerkannte Sigmund, Kaiser von Deutschland und König von Ungarn, die Kleinseite vom prager Schloß, die Neustadt vom Wyšehrad, die Altstadt vom Spittelfeld aus, wo jetzt Karolinenthal, anzugreifen befahl, während die Meißner und Thü= ringer sich unseres Standpunkts bemächtigen sollten, auf welchem sich da= mals Ritter Johann Zizka von Trocnow gelagert hatte. Hier ent= brannte der Kampf am grimmigsten. Er ward so grimmig, daß Zizka selbst in Gefahr gerieth, und nur mit Mühe von den Seinigen gerettet werden konnte. Plötzlich aber stürzte aus dem Thore der Stadt, an der Spitze einen Priester, welcher das Allerheiligste trug, eine Schaar beherzter Krieger, drang bis zu dem Berge, vereinigte sich dort mit Zizka, und brachte nun in Verbindung mit ihm den Angreifenden eine vollkommene Niederlage bei. Hunderte wurden erschlagen, andere brachen, sammt ihren Rossen von der Höhe herabkollernd, den Hals, noch andere wurden in den nahen Moldau= fluß gesprengt. Von diesem Siege erhielt der Berg, der früher Witkowberg geheißen, den Namen Žižkaberg, der ihm bis auf den heutigen Tag blieb. Der Hussitenkrieg war im vollen Gange.

Schon früher hatten Schwingungen eines Erdbebens, das eine neue Weltgestaltung ankündete, Europa durchzuckt; das Erdbeben erwählte sich Böhmen zu seinem ersten großen Ausbruche. Nicht läßt sich behaupten, der Clerus habe durch sein Betragen in Böhmen größeren Anstoß gegeben, als in anderen Ländern Europa's, obwohl unläugbare Zeugnisse vorliegen, daß er leider einen gegeben; allein der Anstoß traf hier ein Volk, dessen religiöse Seite in den vorangehenden zwei Perioden nicht umsonst markirt und hervorgehoben wurde. Mit nicht geringerem Ernst, mit nicht geringerer Innigkeit, als womit die Böhmen dem Heidenthume angehangen, hatten sie wahrlich auch, nachdem sie eine bessere Ueberzeugung gewonnen, das Christenthum erfaßt; es bildete, wie wir in dem herrlichen Gedichte „Jaroslaw" sahen (Wyšehrad VI.), einen Ehrenpunkt für sie, und Aeneas Sylvius selbst, der nachmalige Pabst, bestätigt, welch hohes Interesse die Böhmen für die Religion fühlten, indem er sagt: „Pudeat Italiae sacerdotes, quos ne semel quidem novam legem constat legisse! Apud Taboritas vix mulierculam invenies, quae de novo testamento et veteri respondere nesciat." Bei einem solchen Volke war jeder Anstoß um so gefährlicher, als seine Empfindung über den sonst klaren, scharfen Geist leicht die Oberhand bekam, und als es von dem, woran es seine Kraft zu setzen angefangen, nicht leicht wieder abließ. Hatte man sich aber einmal an das Betragen des Clerus gestoßen, dann war es bald geschehen, daß man auch gegen die Lehre desselben Verdacht schöpfte, und wenn wir Wiclefs Schriften, das unselige Ende des halbvergötterten Hus von Husinec, wodurch sich die ganze Nation vor der Welt beschimpft fühlte, und untaugliche Herrscher auf dem Throne dazu nehmen, so erklärt es sich, wie die Bewegung anschwellen konnte, wie sie immer mehr anschwoll, je mehr Widerstand sich ihr entgegen stemmte, und wie sie zuletzt die vier prager Artikel weit überschritt, so daß die Behutsameren lieber umkehrten.

Zwei Umstände waren es, welche den Ausbruch der Gährung befördern und ihre Stärke vermehren halfen. Deutsches und böhmisches Wesen, vermöge natürlicher Eigenthümlichkeit und geschichtlicher Entwicklung bald sich anziehend, bald mit Heftigkeit abstoßend, hatte sich noch zu wenig verglichen, um sich in einem Wohnhause auf lange gut zu vertragen. Es geht bei Völkern nicht anders, als bei einzelnen Menschen, die sich erst, oft in Folge harter Schicksale, an einander gewöhnen müssen. Dazu gesellten sich, obgleich Böhmen bisher gegen Deutschland seine Autonomie gewahrt hatte, und Böhmens Herrscher auf dem deutschen Kaiserstuhle saßen, dennoch Befürchtungen vor Deutschlands Machtansprüchen, Befürchtungen ähnlicher Art, wie sie gegenwärtig nach dem Zeugnisse der öffentlichen Blätter der Westen vor dem Koloß in Osten hegt. Mustern wir bloß die von Smil gesammelten ältesten böhmischen Sprüchwörter durch (Hradschin VI.), so finden wir Belege zu dem Gesagten. Im Hussitenkriege machte sich also auch das nationalpolitische Moment geltend; man lüftete, wie an der Universität, so anderwärts, seine Unzufriedenheit mit deutschem Einflusse, und die uralten, troß mancher Unterbrechung nicht vergessenen Verbindungen mit dem Osten, Polen und Lithauen, wurden eifrigst wieder angestrebt.

Der zweite zu berücksichtigende Umstand ist der, daß der höhere Adel das europäische Ausland, mit dem er auf seinen weiten Zügen allmälig bekannt geworden war, nicht nur in Prunk und Ueppigkeit nachzuahmen, sondern auch, den einheimischen Institutionen entgegen, von denen uns „Libuša's Gericht" (Wyšehrad I.) ein Bild gab, sich immer feudaler zu geberden begonnen hatte. Hierdurch bildete sich eine Opposition zwischen ihm und den unteren Ständen, an deren Spiße sich der niedere Adel stellte, obwohl sie, durch das lockende Beispiel verführt, selbst von Schuld nicht frei waren, und, was die Großen im Großen, im Kleinen übten. Wie die Geschichte, so bezeugt dies Štitný's Vergleichung der Menschen mit den Engeln" (Hradschin IV.) und Smils „neuer Rath" (Hradschin VII.), von welchen Werken freilich nur einige Stücke geboten werden konnten. Der Hussitenkrieg war auch ein Kampf der Demokratie mit der in Uebermuth ausartenden Aristokratie.

Die Anstrengungen des böhmischen Volkes in diesem Kriege erreichten ihren Gipfelpunkt. Wieviel an der ganzen Bewegung Rüge verdient, das muß zugestanden werden, daß sich das Volk darin als ein Heldenvolk bewährte. Es war noch dasselbe, als das es in der Dichtung „Zaboj und Slawoj" (Wyšehrad IV.) vor unseren Augen auftrat. Fünf Kreuzzüge wurden gegen dasselbe unternommen, Züge, an welchen sich beinahe alle europäische Völker betheiligten, so daß die bloße Ueberzahl genug schien, um es zu vertilgen, und dennoch errang es einen Sieg nach dem andern, bei Prag, bei Deutschbrod, in Saaz, bei Auffig, bei Tachau, bei Tauß. Es konnte am Ende nur durch sich selbst besiegt werden, was in Folge der Parteiungen, die unter ihm einrissen, in der Schlacht bei Lipan 1434 geschah. Dabei benüßte es seine Siege nicht zu habsüchtigen Eroberungen, nach seiner alten Art zufrieden, sich der Feinde entledigt zu haben, wenn es sie gleich zur Abschreckung bis tief in ihr eigenes Land verfolgte; und bei allen wirklichen und ihm durch boshafte Mährchen angelogenen Ausschweifungen seiner Leidenschaft verirrte es sich doch nicht bis zu einer sicilianischen Vesper, einer pariser Bluthochzeit, einer Guillotinenwirthschaft, wie andere Völker, die sich so gerne vorzugsweise die civilisirten nennen.

Was es übrigens in dem siebzehnjährigen Kriege verbrach, büßte es in reichem Maße. Nicht nur daß es die gewöhnlichen Folgen eines Krieges zu erdulden hatte, es war auch, größeren Theils durch seine eigene Hand, um eine Fülle von Denkmälern, Bauwerken, Sculpturen, Gemälden,

Schriften, ärmer geworden, die seine Cultur der Nachwelt hätten bezeugen können; es mußte sich gefallen lassen, daß man seinen Namen auf die verschiedenste Art verunglimpfte, ja sogar auf die Zigeuner übertrug, und nach der ungeheueren Aufregung blieb eine Zerrissenheit, eine Unruhe, ein Unbefriedigtsein in ihm zurück, die nicht eher rasteten, als bis das Volk durch den dreißigjährigen Krieg vollkommen zu Grunde gerichtet war. Eine Kette unheilvoller Bewegungen zog sich durch zweihundert Jahre dahin. Selbst Georgs von Poděbrad kraftvolles und staatskluges Walten nach den zu kurzen Regierungen des edlen Albrechts von Oesterreich, zugleich Kaisers von Deutschland und Königs von Ungarn, und seines Sohnes Ladislaus Posthumus, dem ein Böhme, Ritter Jiskra von Brandeis, die Krone Ungarns rettete, vermochte das stürmische Wogen nicht ganz zu beschwichtigen. Unter seinem Nachfolger Wladislaw von Polen kämpften Adel und Bürger wieder wirr durch einander, und daß er zum König von Ungarn gewählt wurde, veranlaßte Böhmen nur, sein ohnehin reichvergossenes Blut, wie einst gegen die Tartaren und Mongolen, nun auch gegen die Türken zum Schutze Europa's zu verspritzen. Wladislaws Sohn und Nachfolger Ludwig fiel gegen die Türken nach kurzer Herrschaft heldenhaft bei Mohač, nach Přemysl Otakar II. und Johann von Luxemburg der dritte böhmische König auf dem Schlachtfeld. Da begann nach der böhmisch = hussitischen Vorläuferin die weltumstaltende deutsch = lutherische Reformation; ungeachtet aller früheren Antipathien sympathisirte Böhmen, angezogen von der Macht der ihm geläufigen Ideen, und wurde, während sich Deutschland in zwei Hälften spaltete, unter Schutt und Trümmern begraben. Gleichwie sich daher unser geographischer Horizont vom Žižkaberge gegen Westen mit dem Hradschin abgränzt, wo das erste Signal zum dreißigjährigen Kriege gegeben und von wo aus sein letzter Streich geführt wurde, so wollen wir unseren literaturhistorischen Horizont vom Hussitenkriege bis einschließlich zu dem anderen ausdehnen.

II.

Obgleich aus dem Zeitraume, den wir nun in literaturgeschichtlichem Interesse zu überblicken gedenken, trotz aller Verheerung und Verschleppung durch Einheimische und Fremde noch Tausende von Manuscripten und Druckwerken übrig sind (das älteste gedruckte böhmische Buch ist die aus dem Latein übersetzte trojanische Geschichte vom Jahre 1460): so sind sie doch zu wenig geprüft, geordnet, ja nur zugänglich gemacht, als daß sich ein sicheres Urtheil über sie abgeben ließe. Der Bannfluch der Ketzerei und Empörung liegt noch immer auf ihnen, und beginnt erst allmälig milderen, billigeren, gerechteren Ansichten zu weichen, auch der Ansicht, daß es am Ende besser sei, Dinge, die nun einmal nicht ungeschehen zu machen und wegzutilgen sind, vernünftig zu besprechen, als sie mit einem Schleier zu bedecken, hinter dem zuletzt jeder bei weitem Aergeres vermuthet, als wirklich dahinter steckt. Dies möge zur Entschuldigung dienen, wenn die gegenwärtige Uebersicht vielleicht kürzer ausfällt, als sie sonst bei mehr Behelfen ausgefallen wäre.

Wir fassen von dem ganzen Zeitraume zuerst den Theil ins Auge, der bis zu dem Heldentode Ludwigs bei Mohač 1526 reicht.

A. Poesie:

Von einer Drang= und Sturmperiode menschlicher Leidenschaft, welche alle Volksklassen durchfiebert, können poetische Werke, wie sie das vorige Zeitalter lieferte, nicht erwartet werden. Doch sind viele schöne Kirchenlieder übrig — martige Kriegs= und Spottlieder, unter den Kriegsliedern das gewöhnliche der Taboriten: „Ihr da, die ihr Gottes Krieger" u. s. w. das einem gewissen Bohuslaw von Čechtic zugeschrieben wird — epische Producte, wie das lange Gedicht auf den Sieg bei Aussig und das Fragment einer gereimten Chronik von dem prager Stadtschreiber Prokop — ferner Passionsspiele. Der Maitraum, eine lange erotische Dichtung von Hynek von Poděbrad, einem Sohne des Königs Georg von Poděbrad, nimmt sich in diesem Zeitraum wie ein lachendes Wölklein unter drohenden Gewittermassen aus, ist aber nicht ohne Frivolität, was in der böhmischen Literatur, zur Ehre sei es ihr nachgesagt, eine Seltenheit, indem sie sich bis auf den heutigen Tag keusch, wie eine Jungfrau, erhalten.

Hierzu kommen Bearbeitungen von Volksgeschichten, wie sie damals in Deutschland beliebt waren, als von der h. Genovefa, von Griseldis, Melusina, Magelone, den sieben Weisen, Fortunatus, selbst von ursprünglich deutschen, als von Till Eulenspiegel u. s. w. Die Hauptperson einer Reihe von Schwänken in Eulenspiegels Art, Palečel, ist durchaus einheimisch. Nicht zu übergehen ist eine Uebersetzung der Aesopischen Fabeln mit einer Biographie Aesops und Holzschnittverzierungen. Auch wurde der neue Rath des Smil von Pardubic in dem Landtag der Thiere neu bearbeitet.

B. Prosa:

Blieb die Poesie in dieser Periode offenbar zurück, so entfaltete sich dagegen die Prosa, besonders durch die Behandlung brennender Tagesfragen, gewaltig. Zu bemerken sind hier besonders: Die zahlreichen Leistungen des M. Johann Hus von Hussinec, Predigten, Tractate, polemische Schriften, Briefe nebst Kirchenliedern; auch ist er der Begründer

der jetzigen höchstgeregelten bömischen Orthographie. Mehreres von ihm wurde durch lateinische und deutsche Uebersetzungen schon im 16. Jahrhundert in Deutschland bekannt. Luther selbst übersetzte drei seiner Briefe ins Lateinische — die Schriften des M. Jacobellus von Mies, des eigentlichen Urhebers des Utraquismus und eines der auf der Synode 1421 gewählten Kirchenvorsteher — die Schriften des M. Johann von Rokycan, gewählten utraquistischen Erzbischofs von Prag und Freundes des Königs Georg von Poděbrad — die Schriften des Martin Lupáč, Suffragans Rokycana's — die Schriften des M. Hilarius, prager Domdechants, später Administrators des katholischen prager Erzbisthums, heftigsten Gegners Rokycana's.

Unter den Werken anderen Inhalts sind hervorzuheben: Die kriegswissenschaftliche Abhandlung des Hussitenfeldherrn Ritters Žižka von Trocnow, eines unbestreitbaren militärischen Genies, und die des Herrn Wlček von Čenow, Feldobersten Königs Wladislaws — eine Landkarte des Königreiches Böhmen, Holzschnitt, mit den Namen aller Städte, Märkte und bedeutenden Burgen, ferner mit Straßenzügen und mit Wappen, Devisen, Sprüchen u. s. w. — Die Reise des Herrn Johann von Lobkowic auf Hassenstein nach dem heiligen Grabe zu Jerusalem, Bruders des Herrn Bohuslaw von Lobkowic, der seiner vortrefflichen lateinischen Dichtungen wegen der böhmische Horaz genannt ward — die Schriften des M. Christann von Prachatic, Professors und Rectors der prager Universität, ersten Administrators der Utraquisten, Astronomen, Mathematikers und Arztes. Sein lateinisches Herbarium enthält auch die böhmischen Pflanzennamen — das für König Georg von Poděbrad von M. Paul Židek, einem getauften Juden, zuletzt Canonicus des prager Domcapitels, verfaßte politische Handbuch, welches zugleich eine allgemeine Weltgeschichte enthält — viele schätzbare Briefe von Caspar Slik, Prokop von Rabstein, Aleš Holický von Sternberg, Ulrich von Rosenberg, Jobst von Rosenberg, Georg von Poděbrad, Wilhelm von Pernstein, Ctibor von Cimburg, durch Kernhaftigkeit, Geistesschärfe und Gedankenklarheit sich auszeichnend — Wilhelm von Pernsteins Rede auf dem mährischen Landtag 1517 — Ctibors von Cimburg auf Tobitschau in die Form eines Romans gekleidete Schrift über Kirchengut und sein Buch von den Sitten, Gebräuchen und Rechten der Markgrafschaft Mähren — Die neun Bücher des Victorin Cornelius von Wšehrd von den Rechten, Gerichten und der Landtafel des Königreiches Böhmen — Wörterbücher meist zur Erlernung der klassischen Sprachen — Die Uebersetzungen aus den Kirchenvätern und den Schriften Petrarcas, des Erasmus von Rotterdam, Ciceros u. s. w., 22 an der Zahl, von dem Ritter Gregor Hrubý von Jeleni, dessen Sohn Sigmund gleichfalls Philolog und zwar von europäischem Rufe, vielgereist, befreundet mit Erasmus von Rotterdam, zu dem er nach Basel zog, wo er starb. In seinem Lexicon symphonum wird das Böhmische mit dem Lateinischen, Griechischen und Deutschen verglichen.

III.

Als Ludwig, König von Böhmen und Ungarn, gegen die rohen Türkenhorden bei Mohač gefallen 1526, war es nicht zum ersten Male, daß die Böhmen einen Habsburger, damals Ferdinand I., Ludwigs Schwager, der so auch König von Ungarn und später Kaiser von Deutschland wurde, zu ihrem Herrscher wählten. Schon Albrecht von Oesterreich, Schwiegersohn des letzten Luxemburgers Sigmund, durch ihn auch König von Ungarn, und dann sein Sohn Ladislaus Posthumus hatten auf dem böhmischen Throne gesessen, und noch früher, gleich nach dem Aussterben der Přemysliden, Rudolph von Oesterreich, sowie umgekehrt Přemysl Otakar II. auf dem Throne von Oesterreich. In der That, wer diese Anziehungen und Abstoßungen und dennoch wieder Annäherungen zwischen Böhmen, Ungarn und Oesterreich in der Geschichte erwägt, dem bringt sich unwillkürlich der Gedanke auf, eine höhere Macht sei hier im Spiele gewesen, die es darauf anlegte, einen für das Weltschicksal entscheidenden Völkerstaat zu gründen, kein Přemyslisches, kein Luxemburgisches, sondern ein Habsburgisches Kaiserthum Oesterreich. Damit waren aber zugleich die betheiligten Völker angewiesen, als Glieder einer Gesellschaft von ihrer früheren Selbstständigkeit so viel aufzuopfern, als zum gedeihlichen Fortbestande des gesammten Staates vonnöthen, wogegen sie alle aus dem gemeinschaftlichen Verband erfließenden Vortheile anzuhoffen hatten. Zur Erreichung des Zieles mußten die verschiedenen Elemente mit Riesenkraft zusammen gehalten werden. Auch empfanden die Böhmen Ferdinands I. Hand, nachdem sie sich geweigert, mit ihm gegen die Protestanten in Deutschland zu Felde zu ziehen, ja gegen ihn aufgestanden. Er hatte beschlossen, in dem Geiste des Hauses, dem er angehörte, eine Stütze und Säule des Katholicismus zu sein. Maximilians II. Milde wirkte wieder ausgleichend, und unter Rudolph II. schienen die Böhmen vollkommen befriedigt, da sie das Glück genoßen, wornach sie immer mehr, als nach jedem anderen begehrt, das Glück, sich ihren natürlichen, in ihrem Sein und Wesen begründeten Anlagen und Fähigkeiten gemäß entwickeln zu können.

Rudolph II., zugleich deutscher Kaiser, nahm seine Residenz zu Prag. So wurde Prag der Sammelplatz der europäischen Gesandten, aber bei dem wissenschaftlichen und künstlerischen Sinne Rudolphs auch der Vereinigungspunkt von Gelehrten und Künstlern, fremden und einheimischen, aller Art. Ein Tycho de Brahe, ein Keppler weilte damals gleichfalls zu Prag. Carls IV. Zeitalter kehrte zurück, verschönert durch die geistige Einigung Böhmens mit Deutschland und dem ganzen gebildeten Europa, und Rudolphs Zeitalter wird das goldene der böhmischen Literatur genannt. Mit Recht verdient es diesen Namen durch die Menge, Mannigfaltigkeit, den Gehalt und die sprachliche Vollendung der in ihm besonders in der Prosa zu Tage geförderten Werke. Doch ist die Menge, sich wie ein Ocean ausbreitend, zu groß, als daß hier mehr, denn eine höchst summarische Uebersicht, gebothen werden könnte.

A. Poesie:

Sie hätte weit mehr Leistungen aufzuweisen, wenn es nicht viele Dichter vorgezogen hätten, sich der lateinischen und griechischen Sprache zu bedienen, indem die Liebe zu den alten Klassikern sich selbst unter dem weiblichen Geschlechte verbreitete. Unter denen, die böhmisch dichteten, zieht zuerst Simon Lomnický von Budeč, der böhmische Ovid genannt, die Aufmerksamkeit auf sich. Er wurde von Rudolph II. als Dichter gekrönt und in den Adelsstand erhoben. Traurig war sein Loos, wie mehrerer anderen Literaten, nach der Schlacht auf dem weißen Berge. Aufreitzender Gedichte wegen verurtheilt, sah er sich zuletzt genöthigt zu betteln, was er that, indem er sich πτωχός nannte. Eine Unzahl poetischer Arbeiten aller Gattungen rührt von ihm, deren Hauptkraft das Komische und die Satyre. — Niklas Dačický von Heslow, auch Historiker, schrieb „Die pure Wahrheit," eine Sammlung von Gedichten, deren Mehrzahl satyrischer Art. — Niklas Konáč, auch Historiker, Uebersetzer und Buchdrucker, wegen seiner Verdienste um die böhmische Literatur geadelt, verfaßte einen allegorisch-philosophischen Roman „Die Klage der Gerechtigkeit," welchen der gelehrte Jesuit des 17. Jahrhunderts Balbin ein Werk voll göttlicher und menschlicher Kunst nennt. — Besonders fruchtbar war die Periode an geistlichen Liedern der verschiedenen Confessionen, wovon mehrere kostbare noch bis jetzt erhaltene nicht nur gedruckte, sondern auch handschriftliche cantionale Zeugniß liefern. In diesem Fache zeichnete sich Johann Augusta aus, Freund Luthers und Melanchthons, erster Bischof der von dem böhmischen Ritter Gregor um 1457 gestifteten und von einer Masse der tüchtigsten Schriftsteller strotzenden Gemeinde der Brüder. Seine religiösen Dichtungen zählen über 20,000 Verse. Georg Streyc, einer von den acht Translatoren der berühmten kralicer Brüderbibel, bearbeitete die Psalmen Davids in Reimen, so wie Lorenz Benedicti von Nedožery, Herausgeber einer Sammlung von 690 böhmischen Sprüchwörtern, und Matthäus Benešowský, Lehrer Kaiser Maximilians II. in der böhmischen Sprache, beide auch werthvolle Grammatiker, viele Psalmen in antiken Versmaßen. — Dramen, zum Theil weltlichen, meist jedoch religiösen Inhalts, wurden von den Studirenden beider Hochschulen, des Carolinums und des von Ferdinand I. gegründeten und mit Jesuiten besetzten Ferdinandeums, aufgeführt; so bei den Jesuiten, die ebenfalls nahmhafte böhmische Schriftsteller zählten, in böhmischer Sprache: „Der h. Wenzel," „Susanna," „Der Untergang von Sodoma und Gomora" u. s. w.

B. Prosa:

Sie behielt ihre frühere Färbung. Katholiken, Calixtiner, Protestanten und Brüder lagen mit einander im Streite, und förderten Glaubens= bekenntnisse und polemische Schriften zu Tage. Die Gemeinde der Brüder lieferte durch acht Translatoren, unter denen der vorerwähnte Georg Streyc, unter dem Schutze des Herrn Karls von Žerotin des Aelteren, Lan= deshauptmanns von Mähren, die berühmte, zu Kralic in Mähren gedruckte Brüderbibel, die gewöhnlich die kralicer Bibel heißt, und deren schönstes Exemplar in der Bibliothek der Magdalenenkirche zu Breslau aufbewahrt wird. Uebrigens wurde das ganze Feld der Theologie in allen seinen Ab= theilungen bearbeitet, was eine Menge hinterbliebener Pastoral= und die Glaubens= und Sittenlehre betreffender Schriften, Predigten, Gebetbücher, Legenden u. s. w. beweist. Unter den Kirchenvätern fand besonders der h. Augustin durch Uebersetzungen Eingang.

Doch beschränkte sich der Horizont der böhmischen Prosa, obwohl auch ihr gar viele Schriftsteller durch die klassischen Sprachen entzogen wurden, nicht hierauf, sondern umfaßte alle damals in Europa betriebenen Zweige menschlichen Wissens. Es möge hier nur Einiges hervorgehoben werden. In der Geographie lieferten Ulrich Präfat von Wlkanow, Wenzel Wratislaw von Mitrowic und Christoph Harant von Polzic Be= schreibungen ihrer Reisen nach dem Orient. Münsters Kosmographie wurde von Sigmund und Johann von Puchau auf Antrieb Fer= dinands I. neu bearbeitet und vermehrt. — In der Mathematik, Astro= nomie und Arzneikunde glänzte Thaddeus Hajek von Hajek, auf dessen Zuthun Tycho de Brahe an Rudolphs II. Hof berufen wurde; in der Arzneikunde und Botanik Adam Zalužansky, welcher Linné's Pflan= zensystem zuerst erfand, ohne aber daß seine Erfindung in die Welt drang. — Die Geschichte handelte nicht bloß vom Vaterlande, sondern von allen be= kannten, nahen und fernen, gleich= und vorzeitigen Völkern, und von Staat und Kirche, und ließ sich bis in Stadtgeschichten, Genealogien und Biographien ein. Hier glänzen die Namen eines Daniel Adam von Weleslawin, Professors an der Prager Universität, eines Mannes, den alles, was unter Rudolph II. in der Literatur erschien, entweder zum Autor oder Helfer oder Uebersetzer oder Drucker hatte, des Cotta und Brockhaus

jener Zeit, deffen Tod 35 damalige Dichter befangen; eines Bartoš,
eines Sixt von Ottersdorf, eines Martin Kuthen von Sprinfen=
berg, eines Wenzel Hajek von Libočan, deffen ausführliche böhmische
Chronik noch heutigen Tags die verbreitetste unter dem Volke ist, eines
Bohuslaw Bilejowský, eines Johann Kocin von Kocinet, eines
Bartholomäus Paprocký von Glogol, eines Wenzel Plácel von
Elbing, eines Wenzel Březan, eines Georg Zawěta von Zawětic,
eines Paul Skála von Zhoř, eines Samuel Martin von Dra=
žow u. a. m.

Es erschienen damals auch wohlgeordnete öffentliche Zeitungen.—
Daß die Böhmen in dieser Periode die altgepflegte Rechtswiffenschaft
nicht vernachläffigten, läßt sich erwarten. Hier machten sich Brictius von
Licsko und Paul Christian von Kolbín auf Martinic durch ihre
Stadtrechte höchst verdient. — Im Gebiete der Philosophie that sich
Matthäus Philomathes Dačický, mit dem Prädicate Wolkenberger von
Wolkenberg, ein von Rudolph II. gekrönter und geadelter lateinischer Dich=
ter, durch zwei Schriften hervor, eine über den menschlichen Leib und
eine andere über die menschliche Seele. — Wörterbücher wurden
solche verfaßt, die bis sieben Sprachen behandelten, wie das von Peter
Lodereker, böhmisch, lateinisch, griechisch, deutsch, italienisch, dalmatisch
und ungarisch. — Ueberfetzungen lateinischer, griechischer und deutscher
Werke bilden eine zweite Hälfte der Literatur. Zur Vergleichung der klaf=
fischen Sprachen mit der böhmischen würden für die Schulen, in welchen
übrigens auch das Deutsche gelehrt ward, Anthologien veranstaltet. Das
Schulwesen, obwohl mit den in jener Zeit überhaupt herrschenden Mängeln
behaftet, blühte in hohem Grade, wobei zugleich, besonders von Nichtkatho=
liken, bedeutendere Schulen des Auslands besucht wurden. Es gab keine
noch so kleine Stadt, wo nicht eine für die damaligen Verhältnisse wohlein=
gerichtete Schule gewesen wäre; an jeder waren zwei, auch fünf und mehr
Lehrer beschäftigt. Niemand wurde zu diesem Amte zugelaffen, der es am
Carolinum nicht wenigstens bis zum Baccalaureus gebracht hatte. Der
Rector des Carolinums fetzte die Stadtlehrer ein und berief die gelehrteren
ans Carolinum. Daher gab es unter Rudolph II. Bürger auf dem Lande,
die den Virgil, Ovid, Horaz, ja den Anakreon und Homer lasen, und selbst
latein und griechisch schrieben. Noch sind von Schülern der Schulen zu
Klattau, Laun, Saatz, Leitmeritz, Chrudim u. f. w. lateinische und grie=
chische Gedichte übrig. Das war das goldene Zeitalter der böhmischen Lite=
ratur, die sich damals der deutschen, so wie jeder anderen gebildeten Euro=
pa's, ohne Erröthen an die Seite stellen konnte.

IV.

Es wurde in der früheren Nummer gesagt, die Böhmen hätten unter Rudolph II. vollkommen befriedigt geschienen. So war es auch; sie schienen nur befriedigt; und waren es nicht. Der Vulkan hatte noch nicht ausgetobt; die lange Tragödie war noch nicht ausgespielt. Es trieb sie gleichsam mit Gewalt zur Erfüllung ihres Schicksals. Der Majestätsbrief — der Fenstersturz auf dem Hradschin unter Mathias — die Erhebung unter Ferdinand II. mit Friedrich von der Pfalz an der Spitze, dem unfähigsten der Könige, die je auf dem böhmischen Throne gesessen — die Schlacht auf dem weißen Berge bei Prag 1620, und wo war die goldene Zeit? Eines der strengsten Gerichte erfolgte, um das Uebel mit der Wurzel auszurotten. Ueber 30,000 Familien, darunter über 1000 adelige, wanderten aus. Allein dies war nur der Anfang eines Krieges, der nun 30 Jahre währte, und das Land 30 Jahre lang mit seiner schrecklichen Geißel peitschte, bis unter Ferdinand III. während der Belagerung Prags durch die Schweden von der Kleinseite aus, der westphälische Friede geschlossen ward. Die Hauptstadt war um den größten Theil ihrer Kunstschätze und sonstigen Kostbarkeiten gekommen; Tausende von Ortschaften lagen verwüstet, so daß böhmische Dörfer sprüchwörtlich wurden; von der Bevölkerung waren nur 800,000 arme, ausgehungerte, eingeschüchterte Einwohner übrig. Die geistige Kraft des Volkes versank nach der ungeheueren Erschöpfung in einen zweihundertjährigen Todesschlaf.

Und dennoch dürfen wir nicht einer Rose vergessen, die über dem Schutt und den Trümmern empor blühte, nicht vergessen eines Gestirnes, das durch die Nacht strahlte, die sich über Böhmen auszubreiten anfing. Es war Johann Amos Komenský, unter dem lateinischen Namen Comenius der ganzen Welt bekannt, der letzte Bischof der Brüder, der Vater der neueren Didaktik und Schulreform überhaupt, Gelehrter und Denker ersten Ranges und Dichter dabei, einer der edelsten Menschen, die je auf Erden gewallt, böhmischer Schriftsteller, wenn er auch zugleich lateinisch schrieb.

Johann Amos Comenius.

Comenius, geboren am 28. März 1592, hat seinen Namen von Komna, einem Dorfe in Mähren, das man gewöhnlich für seinen Geburtsort hält. Wahrscheinlicher aber ist es, daß er in dem Städtchen Niwnic, nicht weit von Ungarischbrod, zur Welt kam, woher er sich selbst Hunnobrodensis Moravus nannte. Sein Vater, dem Religionsbekenntnisse nach ein Bruder, war Müller. Comenius verlor die Eltern, als er noch Kind war, und erbte ein zu seiner weiteren Erziehung hinlängliches Vermögen. Doch kümmerten sich seine Vormünder wenig um ihn. Gleichwohl erwachte in

dem heran gewachsenen Jüngling ein unwiderstehlicher Drang zur Wissen=
schaft, und da er sich dem geistlichen Beruf in der Brüdergemeinde widmen
wollte, begab er sich zum Antritt der nöthigen theologischen Studien in die
Fremde. Er studirte zu Herborn in Nassau bis 1612; dann besuchte er die
Akademie in Heidelberg, verweilte aber dort nicht lange, sondern wandte sich
nach Westen, und gelangte so, vielleicht über England, 1614 nach Amster=
dam, ohne wohl daran zu denken, daß ihm diese Stadt einst in seinem Alter
zur Zufluchtsstätte dienen sollte.

Mit einem ungewöhnlichen Vorrath von Kenntnissen versehen, kehrte
er noch desselben Jahres in seine Heimath zurück. Da er für ein geistliches
Amt zu jung war, berief ihn der damalige Mäcen aller Gelehrten und vor=
nehmste Vertreter der Brüdergemeinde, Herr Karl von Zerotin der Aeltere,
Landeshauptmann der Markgrafschaft Mähren (s. die frühere Nummer), in
die Stadt Prerau zur Leitung der dortigen Schule. Jetzt begann sich sein
didaktisches Genie zu regen; er legte die Schule bereits nach eigenen Ideen
an, nicht zufrieden mit den in= und ausländischen Einrichtungen, die er bis=
her kennen gelernt. Als er 1616 das 24. Jahr erreicht hatte, wurde er
ausgeweiht, zum Prediger ordinirt und seiner Schulgeschäfte enthoben.
Bald jedoch wandte er sich wieder der Schule zu, da er 1618 in die Ge=
meinde zu Fulnek, dem Haupt= und ältesten Sitze der böhmischen Brüder
in Mähren, als Prediger und Schulaufseher berufen wurde.

Welche Vorgänge hierauf in Böhmen stattfanden, wurde schon er=
wähnt. Im Jahre 1621 fiel ein Kaiser Ferdinand II. zu Hülfe geschicktes
spanisches Heer in Fulnek ein, plünderte die Stadt, und steckte sie in Brand.
Bei dieser Gelegenheit büßte Comenius seine Habe, und alle seine Bücher
und Handschriften ein. Dies war der erste Schlag jenes Unglücks, von dem
er sein ganzes Leben lang verfolgt wurde. Im Jahre 1622 sah er sich ge=
nöthigt, zu Herrn Karl von Zerotin zu flüchten, dem allein noch auf seinen
zahlreichen und ausgebreiteten Gütern die frühere Religionsfreiheit gestattet
war. Comenius hatte indessen auch seine Gattin und seine zwei Kinder
verloren. Da schrieb er das Labyrinth der Welt, ein herrliches Dich=
terwerk, das er 1623 seinem Beschützer Karl von Zerotin widmete. Im
folgenden Jahre wurde auch Karl von Zerotin gedrängt, den Brüdern kei=
nen Schutz mehr zu verleihen, so daß sie sich in Wäldern und Gebirgen ver=
bergen mußten.

In einem solchen Zustande verfaßte Comenius 1625 seine zweite böh=
mische Schrift „der Mittelpunkt der Sicherheit," deren Inhalt er selbst
in folgenden Versen bezeichnet:

Ringsum dreht sich die Welt, es dreht und treibet auf ihr sich
Ringsum alles dahin, rastlos bewegt sich's umher;
Doch es bewegt sich nicht, es stürmt in wirbelnden Sprüngen,
Selten gehet ein Ding seinen geregelten Gang.

Er nur allein, der Herr der Welt, der über und unter
Und in allem, er steht fest als der stützende Punkt.
O Heil dem, der in diesen Punkt der Mitte sich flüchtet!
Dort an des Herren Brust findet die seinige — Ruh'!

Während dessen unterließ er nicht, seine verlassene Kirche heimlich zu
besuchen, und übernahm 1626 eine Sendung nach Polen in Angelegenhei=
ten der Brüdergemeinde. Nach seiner Rückkehr hielt er sich meistens im
Riesengebirge auf den Gütern des Herrn Georg Sadowsky von Sloupno
auf, der die Brüder in Böhmen, wie Karl von Zerotin in Mähren, schützte.
Hier schrieb er seine Didaktik, als er zufällig die Didaktik des Elias Bodin
aus Deutschland zu Gesichte bekommen.

Im Jahre 1628 sand er sich gezwungen, mit seinem Beschützer, Herrn
Sadowsky, und Anderen zu Ende Januar bei strenger Kälte die Flucht nach
Polen zu nehmen. Er wählte die Stadt Lešno im heutigen Posen zu
seinem Aufenthalte, die Herrn Raphael Grafen von Lešno, Herzog von
Bilic, gehörte. Bald entstand hier eine ganze Kolonie von Brüdern, und
Comenius übernahm die Leitung des dortigen Gymnasiums, indem er selbst
als Lehrer eintrat. Nun begann er sich vom neuen und gründlicher, als
bisher, mit didaktischen Studien zu beschäftigen. Er schrieb drei Werke in
böhmischer Sprache: „Die große Didaktik, die Mutter= und die po=
puläre Schule," auf sechs Klassen vertheilt, welche Werke erst später in
das Lateinische und Deutsche übersetzt wurden. Im Jahre 1631 gab er in
Lešno die Janua linguarum reserata heraus. Dieses Werk
erntete unerhörtes Lob, und wurde fast in alle europäische Sprachen, auch
in einige asiatische, als die arabische, türkische, persische und die mongolische,
übertragen. Das Lob spornte ihn an, sein Werk zu überarbeiten, und von
Mängeln zu befreien, indem er es den Anfängern durch das Vestibu=
lum januae linguarum zugänglich, den Reiferen durch das Atrium
oder Palatium linguarum weiterhin entbehrlich machte. Für Gelehrte
und Lehrer selbst beabsichtigte Comenius etwas Höheres und Wichtigeres,
die Pansophie, eine Art Encyklopädie. Er schickte eine vorläufige Ab=
handlung nach England, wo sie unter dem Titel „Conatuum Come=
nianorum praeludia" 1637 in Oxford, und dann unter dem Titel
„Pansophiae prodromus" 1639 in London gedruckt ward. In=
dessen war er 1632 zum Aeltesten in der Brüdergemeinde gewählt worden,
und entwickelte eine allseitige Thätigkeit, indem er sich bei mehreren Schrif=
ten im Interesse der Brüder betheiligte, und selbst in Lešno eine Schrift
gegen den Socinianer Melch. Scheffer 1638, schon früher nebst dem
Labyrinth der Welt und dem Mittelpunkt der Sicherheit eine Bearbeitung
der von Ludwig Bayly im Englischen erschienen Andachtsübungen,
endlich eine Physik heraus gab.

Die größte Beliebtheit erlangten seine Ideen in Schweden und Eng=
land, nach welchen Ländern er sich verfügte. In England konnte seine
Sache wegen der inneren Zerwürfnisse und Unruhen keinen Boden gewin=
nen; in Schweden wurde ihm nach einer mündlichen Besprechung mit dem
Kanzler Oxenstierna selbst der Antrag gemacht, sich in Schweden, oder
wenigstens in der Nähe zu Elbing in Preußen nieder zu lassen. Comenius
ging auf das Letztere gegen den Willen seiner englischen Freunde ein, und
nachdem er 1643 in Kopenhagen die Diatyposis pansophiae her=
ausgegeben, widmete er sich ganz der Verfassung linguistischer Schrif=
ten zum Schulgebrauche, womit er seine Zeit bis 1648 zubrachte, in wel=
chem Jahre er seine von den schwedischen Commissären geprüften didak=
tischen Werke verbessert ans Licht förderte, und zwar: Methodus linguarum novissima — Vestibulum latinae linguae —
Janua linguarum — Lexicon januale latino - ger-
manicum — Grammatica latina - vernacula — Atrium
linguae latinae, rerum et linguarum ornamenta ex-
hibens. Im Jahre 1648 mußte Comenius nach Leßno zurückkehren, da
er zum Bischof der Gemeinde gewählt wurde, der er bis zu seinem Tode
blieb, ohne weiter einen Nachfolger zu haben. Nebst der Herausgabe seiner
Werke besorgte er nun das Wohl der ihm anvertrauten Herde. In dieser
Zeit erschienen von ihm auch mehrere Schriften zum Besten der Gemeinde,
unter ihnen Herrn Lasitsky's achtes Buch der Geschichte der Brü=
der lateinisch und böhmisch 1648, dann das Testament der sterben=
den Mutter der Brüdergemeinde 1650.

Comenius erzielte mit seinen didaktischen Arbeiten immer größere
Resultate. Nicht nur daß überall in den Schulen eine natürlichere Me=
thode angewendet zu werden begann, es wurden auch neue Schulen in
seinem Sinne gestiftet. So in Polen und Ungarn. In Ungarn lag Jo=
hann Tolnai, Rektor der reformirten Schule zu Saros = Patak und ehe=
maliger Erzieher der Fürsten Rakoci, dem Fürsten Siegmund so lange an,
bis dieser an Comenius nach Leßno wiederholt schrieb. Comenius über=
siedelte 1650 nach Saros=Patak, und begann dort seine ganze Idee von
pansophischen Schulen auszuführen. Er schrieb und veröffentlichte mehrere
Bücher, um die Ungarn zu höheren Bestrebungen in der Wissenschaft, be=
sonders auch in ihrer Muttersprache zu wecken, und wandte eine Art neuer,
encyklopädischer Schauspiele unter dem Titel Schola ludus an, wo alle
Anfangsgründe in einzelnen dramatischen Handlungen dargestellt wurden.
Verschiedene Ursachen, hauptsächlich Fürst Siegmunds Tod, verhinderten
die vollkommene Ausführung seines Planes.

Im Jahre 1654 sah sich Comenius genöthigt, kirchlicher Angelegen=
heiten halben nach Leßno zurück zu kehren. Das Jahr darauf brach zwi=
schen Polen und Schweden ein Krieg aus, in welchem Leßno, der Sitz der

Brüder, den Schweden in die Hände gerieth, und von ihnen aus Religions=
verwandtschaft, vielleicht auch aus Achtung gegen den ihnen bekannten
Comenius verschont wurde; doch gerade dieses gereichte der Stadt zum Ver=
derben, da sie 1656 wieder von den Polen genommen wurde, die sie in
Schutt und Asche verwandelten. Die Brüder zerstoben für immer, und
Comenius war gezwungen, eine neue Zufluchtsstätte zu suchen. Er fand
sie zu Amsterdam. Hier gab er auf Verlangen des Senats alle seine bidak=
tischen Werke unter dem Titel: „J. A. Comenii didactica opera
omnia" in drei Theilen heraus, denen er einen vierten neuen beifügte.
Das Werk „Lux in tenebris," die Weissagung Christoph Kotters und
das Gesicht Christina Poňatowsky's und Niklas Drabik's, eines Geistlichen
der Brüder, enthaltend, verursachte ihm großen Verdruß, und hatte zur
Folge, daß seine Feinde und Neider 1659 in zwei Schriften gegen ihn
loszogen, worauf er sanft und bescheiden antwortete. Nachdrücklicher trat
er 1661 — 1662 gegen den Socinianer Zwicker in mehreren Ar=
tikeln auf.

Trotz diesen Widerwärtigkeiten unterließ er nicht, für das Wohl der
zerstreuten Brüdergemeinde Sorge zu tragen. Im Jahre 1658 gab er den
Kern der ganzen Bibel, im Jahre 1659 ein böhmisches Cantional
nebst anderen vom neuen gedruckten Schriften heraus. Rührend ist sein
Trauerwort des durch Gottes Zorn verscheuchten Hirten an die
zerscheuchte Herde, welches Werk er 1660 in Erwartung seines Todes
verfaßte. Er lebte hierauf noch 11 Jahre, indem er sich am meisten mit
Gedanken beschäftigte, wie der Friede unter den Menschen hergestellt, und
die Welt verbessert werden könnte. Zu diesem Zwecke schickte er 1667 zur
Conferenz der Gesandten Englands und Hollands in Breda seine Schrift:
„Der Engel des Friedens." Sein letztes 1668 im Latein gedrucktes
Werk, das er aber handschriftlich auch in böhmischer Sprache hinterließ,
war das Unum necessarium. Herder würdigt es in seinen Briefen
zur Beförderung der Humanität.

Am 15. November 1671 vollendete Comenius in einem Alter von
80 Jahren zu Amsterdam sein vielbewegtes Leben still und ruhig. Sein
Leichnam wurde zu Naarden bestattet. Es blieben nach ihm von seiner
zweiten Gattin ein Sohn Daniel und eine mit Peter Jablonsky vermählte
Tochter Elisabeth zurück.

V.

Das Labyrinth der Welt von Comenius.

Wenn gesagt wurde, die Gemeinde der Brüder sei eine Masse von Schriftstellern für sich gewesen, so läßt sich dies, wie man nach der letzten Nummer zugeben wird, von Comenius allein behaupten. Wir wollen von seinen vielen Produkten das dort gleich zuerst genannte, das er seinem Be= schützer, Herrn Karl von Zerotin, widmete, näher betrachten. Es ist das Labyrinth der Welt. Wer als Comenius bei den Schicksalen, die er durchkämpfen mußte, war mehr veranlaßt, ein solches Werk zu schreiben! Es ist ein herrliches Dichterwerk, nur in Prosa verfaßt, aber in einer so rhythmischen, wohlklingenden Prosa, daß ich mir erlauben werde, die Par= tien daraus in ähnlichen Jamben vorzuführen, wie die in den Partien aus Ritter Thomas von Stitné; ein Werk voll herber Satyre und doch voll unendlicher Milde und Liebe; ganz Kunst und doch reine, ungekünstelte, herzinnige Natur; tief und doch dabei klar gedacht und auf das tiefste empfunden; ein allegorisches Lehrgedicht und doch voll Leben und Bewe= gung; ein Spiegel der damaligen Zeit, voll Menschenkenntniß und Erfah= rung, von der ewig wahren Idee getragen: „Wer sein Glück nicht in sich, in dem gottbewohnten Herzen findet, der sucht es außen vergebens."

Es beginnt also:

Als ich in jenem Alter war,
Wo sich dem menschlichen Verstande
Der Unterschied des Guten und des Bösen
Zu offenbaren anfängt,
Und als ich die verschied'nen Stände,
Die Klassen und Berufesarten,
Und Mühen und Entwürfe
Unter den Menschen wahrnahm:
Da schien's mir nöthig, reif zu überlegen,
An welchen Haufen ich mich schließen,
In welcherlei Beschäft'gung ich mein Leben
Hinbringen sollte.

Darüber sann ich viel und oftmals nach,
Und ging mit mir zu Rathe, bis ich mich
Entschied, ein Leben mir zu wählen,
Wo ich der Sorgen und Beschwerden
Am wenigsten, doch der Bequemlichkeit,
Der Ruhe und des frohen Muths
Am allermeisten hätte.

Allein da schien's mir wieder
Nichts Leichtes, zu erkennen, welche
Berufesart das wäre, und nicht wußt' ich,
Mit wem ich sattsam mich berathen sollte.

Auch spürt' ich keine große Lust dazu,
Indem ich dachte, jeder werde mir
Nur seine eig'ne Sache preisen;
Selbst aber hastig zuzugreifen,
Aus Furcht vor einem Mißgriff, scheut' ich mich.

Gleichwohl muß ich gesteh'n, daß ich geheim
Mich bald an diesen, bald an jenen, bald
An einen Dritten machte;
Doch jeder ließ sogleich von mir, da ich
An jedem Dinge etwas Schwieriges
Und Eitles, wie's mir schien, bemerkte.
Inzwischen fürchtet' ich, es könnte mir
Mein unbeständig Wesen Schande bringen,
Und so wußt' ich zuletzt nicht, was zu thun.

Nach langer Qual und langem Schwanken
Beschloß ich endlich, alle menschlichen
Geschäfte unter dieser Sonne
Wohl durchzumustern, und erst dann, bis ich
Das eine mit dem anderen vernünftig
Verglichen hätte, irgend einen Stand
Mir zu erkiesen,
Und meine Angelegenheiten so
Zu ordnen, daß ich ruhig leben könnte.
Je mehr ich dem Gedanken nachhing,
Um desto mehr gefiel er mir.

Der Pilger begibt sich nun auf den Weg. Da gesellt sich ein Mensch zu ihm von hurtigem Gang, gewandtem Blick und flinker Rede, so daß sich Füße, Augen und Zunge immerfort an ihm zu bewegen scheinen. Es ist Freund Allwisser mit dem Beinamen Ueberall, der sich ihm zum Führer anbietet. Bald darauf gesellt sich ein zweiter, mit dem ersten bekannter hinzu, so verkappt und von einer Art Nebel umflossen, daß man nicht zu erkennen vermag, ob er Mann oder Weib. Es ist ein Diener der Königin der Welt, der Weisheit, welcher die Aufgabe hat, jeden zu belehren, wie die Dinge in der Welt zu nehmen und aufzufassen seien, und heißt Täuschung. Dem Pilger beginnt vor seiner Begleitung unheimlich zu werden. Kaum aber macht er Miene zurück zu bleiben, so legt ihm Freund Allwisser einen Zaum an, dessen Riemen aus Neugier genäht und dessen Gebiß aus Hartnäckigkeit geschmiedet ist, und treibt ihn vorwärts. Zugleich setzt ihm Täuschung eine Brille auf, deren Gläser aus Einbildung und deren Einfassung aus Gewohnheit gemacht, so daß er alsbald alles vor sich anders sieht. Zum Glück sitzt ihm die Brille etwas schief und verwehrt ihm den freien Blick nicht ganz. Und hierauf wird der Pilger, während er bei sich über das Geschehene nachdenkt, ohne daß er weiß, wie, auf einen ungeheuer hohen Thurm gestellt, von dem er die Welt erst übersichtlich kennen lernen soll:

„Als ich so bei mir dachte,
Da standen plötzlich wir, ich weiß nicht, wie,
Auf einem ungeheuer hohen Thurme,
So daß ich in den Wolken
Zu schweben wähnte,
Und als ich niederblickte,
Gewahrt' ich eine Stadt, gar schön
Und prächtig anzuschau'n, und weit und groß,
Nach Gränz' und Umfang
Auf keiner Seite zu ermessen.
Sie war im Kreis gebaut,
Verseh'n mit Mauern und mit Wällen,
Und statt des Grabens rings
Lief eine mächt'ge Tiefe um sie her,
Die, wie's mir schien,
Nicht Ufer und nicht Boden hatte;
Denn ob der Stadt nur war es helle,
Rundum dahinter herrschte Finsterniß.

Und in unzähl'ge Gassen, Plätze, Häuser,
Gebäude, größere und kleinere
Sah ich die Stadt getheilt,
Und allenthalben wimmelt' es von Menschen,
Wie von Insektenschwärmen.
Nach Osten hin war eine Art von Thor,
Aus dem ein Gäßchen westwärts
Zu einem andren Thore führte,
Und erst aus diesem zweiten Thor gelangte
In die verschied'nen Gassen man der Stadt.
Ich zählte sechs
Hauptgassen unter ihnen,
Die insgesammt von Osten gegen Westen
Neben einander liefen;
Und in der Mitte war
Ein äußerst großer, runder Platz;
Doch in dem Hintergrunde gegen Westen
Auf steilem Felsenhügel stand
Ein hohes prächt'ges Schloß,
Nach dem die Stadtbewohner alle
Am meisten ihre Blicke kehrten.

Und es begann mein Führer Ueberall:
„„Hier, Pilger, hast du nun die liebe Welt,
Die du dir anzuseh'n verlangtest!
Drum führt' ich dich zuerst auf diese Höh',
Damit du sie im Ganzen überblicken,
Und ihre Einrichtung verstehen könntest.
Das Thor gen Osten ist des Lebens Thor,
Durch welches alle kommen,
Die auf die Welt gelangen, da zu wohnen.
Das zweite näh're Thor ist das des Scheidens,
Aus welchem jeder, wie das Loos ihm fällt,
Zu dem Beruf sich oder jenem wendet.

Die Gaffen, die du siehst, find die verschied'nen
Stände und Klassen und Berufesarten
Der Menschen. Du gewahrest sechs
Hauptgassen. In der Gasse dort
Gen Mittag wohnt der Stand der Eheleute,
Die Eltern, Kinder und das Hausgesinde;
In der daneben der Handwerker Stand,
Die allerlei Gewerbe treiben;
In jener, die dem großen Platz am nächsten,
Wohnt der Gelehrten Stand,
Die sich beschäftigen mit geist'ger Arbeit.
Dort auf der andren Seite ist
Der Stand der Geistlichen, zu denen
Sich alle hinbegeben, so die Pflichten
Ihrer Religion erfüllen wollen;
Dann weiter kommt der Stand der Obrigkeiten
Und der Vorsteher dieser Welt,
Und gegen Mitternacht am hintersten
Der Stand der Ritter,
Die dem Geschäfte sich des Krieges widmen.
Ei wie vortrefflich ist das eingerichtet!
Jene erzeugen alle, diese nähren alle,
Die lehren alle, und die beten
Für alle, die da richten alle,
Und schützen sie vor Unordnung,
Und die da wieder kämpfen
Für alle, und so dienen all' einander,
Und alles steht im rechten Gleichgewicht.

Die Burg dort gegen Westen ist
Die Burg des Glückes, wo in Reichthums Fülle
Und Wonn' und Ruhm nur Auserkorne wohnen.
Der große Platz, der ist für alle;
Denn Leute aller Stände kommen da
Zusammen, um, was nöthig, abzuthun.
In seiner Mitte aber,
Als in des Ganzen Mittelpunkt,
Erhebet sich die Residenz
Der Königin der Welt, der Weisheit!"

Und mir gefiel die schöne Ordnung,
Und ich begann den lieben Gott zu preisen,
Daß er die Stände dieser Welt
So trefflich abgetheilt. Nur das
Gefiel mir nicht, daß ich an vielen Orten
Die Gassen wie durchbrochen sah,
So daß oft eine in die andre sich
Verlief, wodurch man meiner Meinung nach
Leicht wirr und irre werden konnte.
Zu dem bemerkt' ich offenbar,
Als ich so schaute auf die runde Welt,
Daß sie sich rührte,
Und sich im Kreise drehte,

Bis mir beinah der Schwindel kam;
Denn als ich meine Blick' auf ihr
Ließ hin und wieder schweifen,
Da sah ich's wiebeln
Und kriebeln allenthalben, und als ich
Mein Ohr hinhielt,
Da hört' ich's schlagen, pochen, schieben, wispeln
Und schreien überall.
Und es begann zu mir mein Dolmetsch,
Die Täuschung: „Siehst du, Lieber,
Wie reich an Wonnen diese Welt,
Wie herrlich alles auf ihr eingerichtet?
Und du gewahrst sie jetzt von ferne nur,
Was erst, bis du sie Theil für Theil
Mit ihren Freuden kennen lernen wirst!"
Ich sagte: „So von ferne
Gefällt sie mir; wie's aber weiter sein wird,
Das weiß ich nicht." „O glaub' mir, gut!"
Erwiedert' er. „Jetzt aber laß uns geh'n!"
„Wart' noch ein wenig," sagte Ueberall,
„Bis ich die Gegend ihm gezeigt,
Nach welcher wir uns nicht begeben werden!
Blick' gegen Osten! Nimmst du wahr, wie's dort
Aus jenem dunklen Thor hervor, und näher
Und näher kriecht!" „Ich seh," versetzte ich.
„Das sind die Menschen," fuhr er fort,
Die, ohne daß sie wissen,
Woher, jetzt eben auf die Welt gelangen,
Sich selbst nicht kennend, und nicht ahnend, daß
Sie Menschen sind. Darum nachtet's um sie her,
Und man vernimmt nur etwas Plärren
Und Weinen. Kommen sie jedoch
Durch jene Gasse, so beginnt es ihnen
Zu dämmern und zu tagen,
Bis sie das Thor erreichen unter uns.
Auf, um zu sehen, was sich da begiebt!"

In dem Thore, wohin der Pilger auf einer dunklen Schneckenstiege geführt wird, sitzt in einem großen Saale ein grimmiger Greis, das Schicksal, einen Topf in der Hand haltend, aus dem jeder Eintretende sein Lebensloos ziehen muß. Auch der Pilger erhält das seine, auf dem geschrieben steht: „Schau' und forsche!" So wird er zuerst auf den Marktplatz der Lebensstadt geleitet, wo es wimmelt von Menschen aller Völker und Zungen, aller Arten und Sorten, ärger als von einem Bienenschwarme. Was entdeckt er da alles?:

Scharf also sah ich hin, und sah zuvörderst,
Daß jeder, der mit Anderen
In einem Haufen ging, auf dem Gesichte
'Ne Larve trug, und wenn er sich

Entfernte, so daß er entweder
Allein war oder unter seines Gleichen,
Sie abnahm, wenn er sich jedoch
Vom neuen mischen wollt' in einen Haufen,
Vom neuen sie anlegte.
Ich fragte, was dies zu bedeuten habe?
„Das ist" antwortete mein Dolmetsch,
„Menschliche Vorsicht, lieber Sohn,
Damit nicht jeglicher dem andern zeige
Das, was er ist. Für sich kann jeder sein
So, wie er ist; allein vor Menschen ziemt's,
Sich wie ein Mensch zu zeigen, um sich eine
Gewisse äußre Form und Art zu geben."
Dies stachelte mich an, genauer
Zu sehen, wie die Leute wohl
Ohn' ihre künstliche Verkappung wären.
Und als ich Acht gab, da bemerkte ich,
Daß nicht nur alle im Gesichte,
Sondern am Leibe auch verschiedentlich
Gar übel ausgestattet waren.
Sie waren insgesammt von Finnen
Und von Aussatz entstellt und nebstdem hatte
Der Schweineslippen, jener Hundezähne,
Der Ochsenhörner, jener Eselsohren,
Der Basiliskenaugen,
Ein andrer einen Fuchsschweif, wieder
Ein andrer Klauen eines Wolfs;
Den schaute ich mit einem hoch
Emporgestreckten Pfauenhalse, jenen
Mit einem aufgesträubten Wiedhopfschopfe,
Und den mit Hufen eines Pferd's;
Am meisten aber gab es solcher,
Die Affen ähnlich waren.
Und ich erschrak und rief: „Seh' ich vor mir
Denn lauter Mißgeburten?"
„Was, Mißgeburten, Thor du?" sprach mein Dolmetsch,
Und drohte mit der Faust. „Sieh besser nur
Durch deine Brille,
Und du wirst seh'n, daß alle Menschen sind."
Es hatten ein'ge, die vorüber gingen,
Gehört, daß ich sie Mißgeburten schalt,
Und blieben steh'n, und murrten,
Und wollten los auf mich.
Da merkt' ich, daß philosophiren
Hier nutzlos sei, schwieg still, und dachte mir:
„Wollen sie Menschen sein, so seien sie's!
Ich aber sehe, was ich seh'."
Nur fürchtet' ich, mein Dolmetsch könnte mir
Die Brille fester auf die Nase pressen,
Und mich berücken; drum beschloß ich,
Ja still zu sein, und lieber

Die feinen saubren Dinge um mich her
Ganz ruhig weiter zu beobachten.
Und wieder sah ich hin, und sah,
Wie einige mit ihren Larven
Unübertrefflich umzugehen, sie
Geschickt jetzt ab= jetzt anzulegen,
Und so in einem Augenblick,
Wo's nöthig war, ein andres Aeußre sich
Zu geben wußten. Da begann
Den Lauf der Welt ich zu begreifen,
Doch schwieg ich still.

Auch hört' ich in verschied'nen Zungen
Sie reden, so daß sie einander
Zum größren Theile nicht verstanden,
Und auch einander gar nicht oder
Antwort ertheilten über Dinge,
Wovon gar keine Rede war gewesen,
Jedweder anders. Manchmal waren
Sie klumpenweis geschaart, und alle sprachen,
Ein jeder seins, doch hörte
Kein einz'ger auf den andern,
Obwohl der eine an dem andern riß
Und zerrte, um von ihm gehört zu werden,
Bis es zu Rauferei und Schlägen kam.
Da sagt' ich: „Ach du lieber Gott,
Sind wir denn hier in Babylon?
Es pfeift hier jeder nur sein Lied.
O welch Gekreisch und welch Gewirre!"

Nur Wen'ge gab es unter ihnen,
Die müßig gingen, alle
Beschäftigten mit einer Arbeit sich,
Doch — nimmer hätt' ich es gedacht —
Mit Arbeit, die entweder Kinderspiel
Oder nutzlose Plackerei.
Die einen trugen Kehricht
Zusammen, und vertheilten
Es unter sich; die andren schleppten Balken
Und Steine, oder zogen sie
An Winden irgendwo hinauf, und ließen
Dann wieder sie hinab; noch andre,
Die gruben Erd' und fuhren oder trugen
Von einem Orte sie zum andern hin;
Die übrigen verbrachten ihre Zeit
Mit Schellen, Spiegeln, Blasen, Schnarren
Und andrem Tande; ja es spielten manche
Mit ihrem Schatten, maßen
Denselben, machten Jagd auf ihn,
Und suchten ihn zu haschen."

In ähnlicher Weise mustert Comenius in der Person des Pilgers den Marktplatz noch weiter durch, und dann den Stand der Eheleute, den

Stand der Handwerker, den Stand der Gelehrten. In den Sälen der letz=
ten trifft er auch die Schriftsteller. Hören wir, was er von diesen sagt!:

„Wir traten wieder in den Saal,
Und ich bemerkte, daß des Apotheker=
Geschirrs auf allen Seiten
Stets mehr und mehr ward.
Da gab ich Acht, woher sie's trügen;
Sie kamen immer hinter einem Vorhang
Hervor. So trat auch ich denn hinter ihn,
Und sah der Drechsler viele, die
In Fleiß und Zierlichkeit wetteifernd,
Aus Holz, Bein, Stein und aus verschiedenen
Materien Büchsen formten,
Und mit Latwergen oder Theriak
Sie füllend für den allgemeinen
Gebrauch verabreichten. Mein Dolmetsch sprach:
„Das sind die rühmenswerthen,
Die hochverehrungswürd'gen Männer,
Die dem Geschlecht der Menschen
Auf das ersprießlichste zu dienen wissen,
Indem sie, keine Müh' und Arbeit scheuend
Zur Förderung der Weisheit und der Kunst,
Ihr edles Gut mit andern gerne theilen!"
Da kam die Lust mich an, doch zu erforschen,
Woraus und wie, was er so hoch anpries,
Bereitet und verfertigt werde.
Und ich gewahrte einen oder zwei,
Die duftende Gewürz' und Kräuter
Zusammen lasen und sie schnitten,
Zerrieben, kochten und dann destillirten,
Indem sie süße Theriaks, Latwergen,
Syrups und andre lebenstärkende
Arzneien draus bereiteten.
Dagegen sah ich solche auch,
Die nur aus anderen Gefäßen nahmen,
Und in die ihren überschütteten,
Und deren gab es Hunderte.
„Die übergießen ja," begann ich, „Wasser."
„So mehrt die Weisheit sich," erwiederte
Mein Dolmetsch. „Denn kann nicht
Das eine und dasselbe anders
Bereitet werden? Läßt zur ersten Sache
Sich nicht was mischen, das sie besser macht?"
„Und schlechter gleichfalls" sagte ich erzürnt,
Da ich bemerkte, daß sehr viel gefälscht ward.
Denn mancher, der ein fremd' Gefäß' erhaschte,
Um ein'ge von den seinen anzufüllen,
Verdünnte, fort und fort zugießend,
Den Stoff so sehr, daß er wie Spülicht war;
Ein anderer verdickt' ihn wieder

Mit allerlei Gepantsch, auch Staub und Kehricht,
Nur daß der Stoff als Neuprodukt erschiene.
Und Leute dieser Sorte waren es,
Die weit hochtrabendere Ueberschriften
Drauf klebten, als die übrigen
Latwergenkünstler.
Auch war mir's wunderbar und ärgerlich,
Daß, wie ich schon erwähnte, selten jemand
Das innre Wesen prüfte, sondern jeder
Der Reihe nach fast ohne Unterschied
Abnahm, was ihm geboten ward, und, suchte
Ja jemand aus, nur auf die äuß're Form
Und Aufschrift sah. Da merkt' ich,
Warum so Wenige zur inn'ren Frische
Des Geist's gelangen, und so Viele,
Je mehr der Säftchen sie herunter schlücken,
Um desto mehr verbleichen, welken, siechen.
Allein ich sah auch eine große,
Sehr große Menge von Latwergen,
Von denen nie ein Mensch gekostet hatte,
Und die, der Motten jetzt und Würmer,
Der Spinnen und der Fliegen,
Des Staubes und der Fäulniß Beute,
In traur'gen Schränken und den hintersten
Der Winkel standen.
Dies setzte manche der Quacksalber
In Angst und Furcht, und kaum daß sie ihr Säftchen
Bereitet hatten (manche früher noch,
Eh' sie's verstanden zu bereiten),
So rannten bald nach günstigen
Kritiken sie umher, Präfationen,
Verse und Anagramme heischend,
Bald suchten sie Patrone sich
Zusammen, die zu ihren neuen
Erzeugnissen den Namen sammt
Geldbeutel leihen sollten;
Bald putzten sie die Titel
Und Ueberschriften auf das zierlichste
Heraus, bald auch verbrämten
Sie ihr Produkt aufs allerkrauseste
Mit unterschiedlichen Figuren
Und Kupferstichen, und so trugen selbst
Den Leuten sie's entgegen, reichten's ihnen,
Ja nöthigten es ihnen auf.
Doch sah ich, daß am Ende
Sogar auch das nicht half,
Da alles dessen viel zu viel schon war."

So geht der Pilger die verschiedenen Abtheilungen der menschlichen
Gesellschaft mit ihren Unter= und Unterunterabtheilungen noch weiter durch.
Es ist ein wahres Labyrinth von Scenen und Gestalten, in welches der

Leser mit dem Pilger hineingeräth, so daß ihm, gleich diesem, der Kopf schwirrt, daß ihm ängstlich wird, daß er aus dem bunten, unabsehbar verschlungenen, tollen Getriebe endlich hinausverlangt. Doch die beiden Begleiter sprechen dem Pilger Trost zu, indem sie ihn nun nach dem seligen Sitze des Lohnes für die Mühen und Plagen der Welt, nach der Burg des Glückes, zu führen verheißen. Auf dem Wege dahin gelangen sie wieder auf den Marktplatz, wo sich dem Pilger eine neue Scene unter den Zeitungsschreibern eröffnet. Verweilen wir mit ihm!:

„Wir traten also unter sie, und siehe!
Sie standen da
Zu zweien, dreien, fochten mit den Fingern,
Schüttelten mit dem Haupte, klaschten mit
Den Händen, rieben sich
Hinter den Ohren;
Am Ende jauchzten die, und jene weinten.
„Was soll das?" sagte ich. „Bereiten sie
Ein Schauspiel vor?" „Ei halt's doch für kein Spiel,"
Erwiederte mein Dolmetsch. „Ernste Dinge
Behandeln sie, die ihnen
Bald wunderlich, bald lächerlich,
Bald ärgerlich erscheinen, wie's nun kommt."
„Da möcht' ich gern doch wissen" sagte ich,
„Worüber sie sich wundern,
Worüber lachen wohl, worüber weinen!"
Und wie ich so hinsah, gewahrte ich,
Daß sie mit Pfeifen sich zu schaffen machten,
Indem sich einer zu dem andern neigte,
Und ihm ins Ohr pfiff: war der Ton
Ein lieblicher, frohlockten sie,
Doch war er schrillend, wurden sie ganz traurig.

Dies aber kam da sonderbar mir vor,
Daß einer und derselben Pfeife Ton
Den einen so gefiel, daß sie des Springens
Sich nicht enthalten konnten, während er
Den anderen so mißbehagte,
Daß sie die Ohren sich verstopften,
Und flugs bei Seite liefen, oder horchten,
Und unaufhörlich jammerten.
Ich sprach: „Das ist ja was Abscheuliches,
Daß eine und dieselbe Pfeife
So süß den einen, und so herb
Den andren klingt." „Das macht,"
Antwortete mein Dolmetsch,
„Nicht die Verschiedenheit des Tones, sondern
Die des Gehörs. Denn wie bei Patienten
Die eine und dieselbe Arzenei
Nicht gleicher Weise wirkt, je nach der Krankheit:

So klingt, je nach der innren Paſſion
Des Menſchen oder ſeiner Neigung
Zur Sache, auch der Ton
Im Inneren bald ſüß, bald wieder herb."

„Doch woher nehmen ſie die Pfeifen?"
„Die werden ihnen," ſagte
Mein Dolmetſch, „überallher zugetragen.
Gewahrſt du die Verkäufer nicht?"
Ich ſchaute, und da gingen
Und ritten eigens angewieſ'ne Leute,
Und boten Pfeifen zum Verkaufe an.
Es ritten ihrer viele
Auf ſchnellen Roſſen, und von dieſen kauften
Die meiſten, andre gingen
Zu Fuße, manche hinkten auch an Krücken;
Von dieſen kauften die Verſtänd'gen lieber,
Indem ſie meinten, daß ſie ſich'rer ſeien.

Doch ſchaute ich nicht bloß, ich horchte auch,
Mich hier und da verweilend, und erkannte,
Es ſei fürwahr was Angenehmes, Tönen
Zu lauſchen ſo verſchiedner Art,
Die allenthalbenher erſchollen.
Nur dies gefiel mir nicht,
Daß ein'ge wüthendgierig alle Pfeifen
Zuſammen kauften, deren
Sie habhaft werden konnten, und ſie wieder,
Wenn ſie ein wenig drauf gepfiffen,
Bei Seite ſchleuderten.
Es waren Leute aus verſchied'nen Ständen,
Die ſeltenwann zu Hauſe bleibend,
Meiſt auf dem großen Platz umher
Sich trieben, ihre Ohren dorthin ſpitzend,
Wo ſich ein Pfiff vernehmen ließ.

Und mein Mißfallen wuchs,
Als ich das Nichtige der Sach' erkannte.
Denn oftmals klang ein Schall ſo ſüß,
Daß alle jubelten und frohlockten,
Und dann verwandelt' er ſich wieder,
Indem er leis verſtummte, oder
In traurig Kreiſchen überging.
So daß diejen'gen, die nach ihm
Sich richteten, umſonſt ſich freuten,
Umſonſt erſchraken,
Da alles eitler Rauch nur war.
Wie lächerlich, daß ſich die Leute
Von jedem Windeshauche täuſchen ließen!
Drum lobt' ich die, die ſolchen Klingklangs
Nicht achtend, ihrer Arbeit
Sich widmeten.

Es war jedoch dies Ungemach dabei,
Daß, wer auf das nicht Acht gab,
Was ringsumher gepfiffen ward,
Leicht etwas auf den Hals bekam.
Auch merkt' am End' ich, daß es gar nicht
Geheuer, mit den Pfeifen umzugeh'n;
Denn da die Töne
Verschied'nen Ohren so verschieden klangen,
Entstanden draus nicht selten Händel
Und Balgereien,
Wie ich zufällig an mir selbst erfuhr.
Ich hatte nämlich ein scharftönend
Pfeiflein erhascht, und reicht' es einem Nachbar;
Doch and're faßten's, schleuderten
Es auf die Erde, traten's mit den Füßen,
Und fuhren los auf mich,
Weil ich solch heillos-schlimmes Zeug verbreite,
So daß ich vor den Wüthenden
Entlaufen mußte."

Der Pilger betritt endlich des Glückes Burg. Auch sie wird mit der sinnreichen Kunst ausgemalt, in welcher Comenius unübertrefflich. Allein wenig erbaut fühlt sich der Pilger von dem Loose derjenigen, die sie bewohnen; seine Unzufriedenheit, sein inneres Mißbehagen wird immer größer. Doch versichern ihn die Begleiter, er werde vollkommen befriedigt sein, bis er die verschiedenen Arten der Unsterblichkeit geschaut, welche das Glück den Bewohnern seines Pallastes bereite. Betrachten wir mit ihm das Ende dieses Schauspiels!:

„Indessen," sprach mein Dolmetsch weiter,
„Hat Frau Fortuna noch ein andres Mittel,
Um jenen, die sich wohl betragen,
Und die's verdienen, mit Unsterblichkeit
Zu lohnen." „O und welches?" sagte ich.
„Es ist ein großes Ding, unsterblich
Gemacht zu werden. Zeigt' mir doch
Das Mittel!" Und es kehrte
Mich Freund Allwisser um, und zeigte
Im nämlichen Pallast mir einen Ort,
Der höher noch
Und gleichfalls unter freiem Himmel.
Es führte eine Stieg' empor,
Und unten war ein Pförtlein,
Bei dem von Augen und von Ohren strotzend,
Ein Ungeheuer saß —
Sie nannten's Weltcensur —
Dem jeder, der zu dem erhabnen Ort
Des Ruhms hinauf gelangen wollte,
Nicht nur antworten, sondern alles,

Weßwegen er sich der Unsterblichkeit
Für würdig halt', enthüllen,
Und zur Entscheidung übergeben mußte.
War was Besonderes,
Was Ungewöhnliches an seinen Thaten —
Ob Gutes oder Böses, das galt gleich —
Ward er empor gelassen, doch wenn nicht,
Zurückgewiesen.
Gar sehr verdroß mich, daß der Bösen
So viele, als der Guten,
Empor gelassen wurden.
Denn ich begriff, dies könne die Verkehrten
In der Verkehrtheit nur bestärken,
So wie sich's traf, daß einer kam,
Der gleichfalls die Unsterblichkeit verlangte,
Und als er nun gefragt ward,
Was er geleistet,
Das eines ewigen Andenkens werth sei,
Erwiederte: „Ich hab' das Herrlichste,
Was auf dem Erdenkreis bekannt mir war,
Mit Fleiß zerstört; hab' einen Tempel,
An welchem siebzehn Königreiche
Dreihundert Jahre lang mit allem Aufwand
Mühsam gebaut, in Brand gesteckt,
Und ihn in Asch' und Schutt verwandelt.“
Ob solcher schmählich großen Dreistigkeit
Entsetzte sich die Weltcensur, und wollte
Dem Redner nicht den Zutritt
Gestatten zu dem Platz des Ruhms;
Doch Frau Fortuna kam, und sie gebot,
Daß es geschehe. Durch dies Beispiel
Ermuthigt, scheuten sich auch andre nicht
Zu sagen, was sie Schreckliches verübt:
Der, daß er vieles Menschenblut vergossen;
Der, daß er eine neue Art
Von Gottesläst'rung ausersonnen;
Und jener wieder, daß die Sonne er
Vom Firmament gerissen,
Und in des Abgrund's tiefste Nacht
Geschleudert; und sie alle wurden
Empor gelassen, was mir alles
Im höchsten Maß mißfiel, wie ich schon sagte.

Ich ging nun hinter ihnen nach,
Und siehe da! sogleich empfing sie
Ein anderer Beamter Frau Fortuna's
Mit Namen Fama, der nur lauter Maul war.
Wie jener unten bei dem Pförtlein
Von Augen und von Ohren strotzte,
So der von Mäulern und von Zungen,
Die großen Lärm ringsum verbreiteten.

Hieraus zog jeder Candidat
Der Immortalität den Vortheil,
Daß durch den Lärm sein Name
Bekannt ward hier und da;
Allein es ward auch, wie ich merkte,
Der Lärm allmälig kleiner, immer kleiner,
Bis alles todtenstille war,
Und etwas Anderes zu schallen anfing.
„Ei" sagt' ich, „was für eine sonderbare
Unsterblichkeit! Ein jeder
Genießt ein bischen, und dann kommt er wieder
Den Leuten aus dem Auge, Mund und Sinn."
„Du hast doch nie genug," entgegnete
Mein Dolmetsch. „Blick auf diese denn!"

Ich blickt' um mich; da saßen Maler,
Die auf etwelche der Anwesenden
Hinguckten, und sie konterfeiten.
„Weßwegen thun sie das?" war meine Frage.
Damit ihr Werk, „entgegnete
Mein Dolmetsch," nicht vergehe
Und schwinde, wie der Schall.
Das Angedenken dieser Konterfeiten
Nimmt nie ein Ende!" Und ich schaute,
Ha und sie warfen jeden,
Sobald mit seinem Bild sie fertig waren,
In einen Graben, bloß sein Bildniß lassend,
Das sie, damit es alle sehen könnten,
Auf eine hohe Stange steckten.
„Ach," sprach ich, „was für eine saub're
Unsterblichkeit! Da bleibt ja nur
Etwas Papier und Farbe übrig,
Die Aehnlichkeit mit einem Menschen haben,
Er selbst, der Mensch, kommt elend um.
O welche Täuschung! Denn was liegt daran,
Daß wer ein Stück Papier mit mir bekleckst,
Wenn mit mir selbst indessen, Gott weiß was,
Geschieht. Nein, davon halt' ich nichts!"
Als dies mein Dolmetsch hörte, schalt er mich
'Nen Narren, der mit solchen
Verdrehten Ansichten in dieser Welt
Nicht viel ausrichten werde.

Ich schwieg daher und siehe, da
Gewahrt' ich neue Schelmenstücke.
Das Bildniß eines Mannes,
Von dem ich wußte, daß er schön und herrlich
Im Leben war gewesen,
War ganz verhunzt; das eines garst'gen so,
Als ob er wunderschön gewesen wäre;
Von manchen stellten sie zwei, drei,
Vier Bilder auf, und jedes Bild war anders,

So daß theils die Sorglosigkeit der Maler,
Theils ihre Untreu' meinen Zorn erregte.
Und wie viel Nicht'ges fand ich an der Sache!
Denn als die Bilder ich durchmusterte,
Da waren ihrer viele eingegangen,
Bestaubt, vermodert und zerfault;
Und ein'ge, die in Haufen standen, waren
Vor andern wieder nicht zu seh'n,
Es kümmerte fast niemand sich um sie:
Das jener Ruhm, so allgemein gepriesen!

Inzwischen kam Fortuna und befahl,
Der Bilder ein'ge, nicht nur alte, morsche,
Auch neue, frisch gemalte,
Hinab zu werfen.
Und ich erkannte, daß, wie an der lieben
Unsterblichkeit nichts sei,
Man auf Fortuna auch, die wankelmüth'ge,
Die jemanden in ihre Burg jetzt aufnahm,
Und jetzt aus ihr hinaus warf,
Sich nicht verlassen könne,
So daß sie mir mit allen ihren Gaben
Um desto mehr zuwider ward;
Denn auf dieselbe Art verfuhr sie auch,
Die Burg durchwandelnd,
Mit ihren andern Kindern dort,
Indem sie den Vergnügungssüchtigen
Vergnügen, und den Reichen Reichthum
Bald mehr bald minder gab,
Ja manchmal ihnen plötzlich alles nahm,
Und aus der Burg hinaus sie stieß.

Zuletzt erschreckte mich der Tod, der seinen
Besuch auch hier abstattete,
Und einen nach dem andren, wie sie waren,
Hinweg zu räumen anfing."

Gerissen ist nun in dem Pilger der Faden der Geduld, nachdem er in
einer so ungeheueren Mannigfaltigkeit von Auftritten die Thorheit, Ver=
kehrtheit, Schlechtigkeit und Erbärmlichkeit der Menschen, der Menschen
Noth und Elend geschaut, nachdem er selbst in dem ihm so hoch angeprie=
senen Schlosse des Glückes getäuscht worden.   Wo ist das Glück, das zu
suchen er in die Welt hinausgezogen, jenes Glück, von dem er nur eine
dunkle Ahnung in sich trägt, aber eine Ahnung, die ihn erkennen läßt,
daß alles bisher erschaute Glück nicht das sei, was er gesucht.   Verzweifelnd
fängt er an mit seinen Begleitern zu hadern, wird aber von ihnen der Un=
bescheidenheit, der Ungenügsamkeit, eigensinniger Grillenfängerei beschul=
digt, und erinnert, daß er ja noch nicht in der Residenz der Königin der
Welt, der Erdenweisheit, gewesen.   Weisheit? Weisheit! dies Wort

fährt, ein Lichtstrahl, durch des Pilgers Verzweiflungsnacht. Voll glühen=
den Verlangens begehrt er in die Residenz der Weisheit geführt zu werden.
Es wird ihm willfahrt. Und siehe! herrlich glänzt die Residenz von Fen=
stern, Malereien, Tapeten, Gold und Edelsteinen, und in einem prachtvollen
Saale sitzt die Weltkönigin auf erhabenem Sitze unter einem Thronhimmel,
umgeben von ihrem Hofstaate, von Räthen und Trabanten, ein drohendes
Ungeheuer zu ihren Füßen. Staunen und Furcht überkommt den Pilger;
doch wird er liebreich aufgenommen, so daß er wieder Muth faßt. Das
Imposante der Scene wird noch vermehrt, als Salamon, gefolgt von
einem überirdischen Chor, erscheint, um dem Gerichte beizuwohnen, welches
die Erdenweisheit zur Behebung der in der Welt herrschenden Unordnung
halten will. Und es nahen von allen Enden Bittsteller der verschiedensten
Klassen, die ihre Beschwerden und Klagen vor den Thron der Königin brin=
gen. Begierig, in athemloser Spannung lauscht der Pilger. Doch wehe,
welch schales, nichtiges, parteiisches Gericht! Entsetzen durchschauert den
armen Pilger, der sich abermals in seiner Erwartung getäuscht sieht. Allein
noch ist ja Salomon übrig, Salomon der Weiseste der Weisen; auf ihn
noch ist des Pilgers letzte Hoffnung gesetzt, und wirklich erhebt sich Salo=
mon in seiner ganzen Majestät:

> „Da konnte Salomon, der zugeschaut
> Bisher und still gesessen,
> Nicht länger sich bemeistern, und begann
> Mit mächt'ger Stimme laut zu rufen:
> „Eitelkeit über Eitelkeit!
> Eitel ist alles!
> So kann, was krumm, nicht mehr gerade werden?
> Unmöglich ist's, die Mängel all' zu zählen?"
> Und unter solchem Rufen sich erhebend,
> Mit seiner sämmtlichen Begleiter Schaar,
> Schritt' hin er zu dem Thron der Königin,
> Ohn' daß das wilde Ungethüm
> Und die Trabanten, welche sie umgaben,
> Zu hindern es vermochten,
> Von seinem Wort und Glanz erschreckt,
> Gleichwie die Kön'gin selbst mit ihren Räthen.
> Und seine Hand nun streckt' er aus,
> Und von der Kön'gin Antlitz riß
> Die Larve er hinweg, die, wie kostbar
> Und herrlich früher sie geschienen,
> Als bloßes Spinngewebe jetzt sich zeigte.
> Ha, und der Kön'gin Antlitz, es war bleich
> Und aufgedunsen; etwas Röthe wohl
> Lag auf den Wangen, doch von Schminke nur,
> Was an den Schuppen sich bemerkbar machte;
> Die Hände waren aussatzvoll,
> Der ganze Leib abscheulich,

Und übel roch der Athem selbst.
Darob entsetzt' ich mich und alle
Anwesende, daß wir Erstarrten glichen.
Dann kehrte Salomon sich zu den Räthen
Der falschen Kön'gin, riß auch ihnen
Die Larve ab und sprach:
„Ich seh', es herrscht anstatt Gerechtigkeit
Ungerechtigkeit
Und anstatt Heiligkeit
Verworfenheit.
Eure Emsigkeit ist Schönthu'rei,
Eure Vorsicht Pfiffigkeit,
Eure Freundschaft Schmeichelei,
Eure Wahrheit Verstellungskunst,
Euer Eifer zorn'ge Wuth,
Eure Beherztheit Vermessenheit,
Eure Liebe geile Brunst,
Eure Gescheidtheit Einbildung,
Eure Frömmigkeit Heuchelei.
Und ihr wollt' anstatt Gottes des Allmächt'gen
Der Ordnung Zügel führen?
Gott bringt einst an des allgemeinen
Gerichtes Tag jedwede That,
Auch das Geheimste, ob es gut, ob böse,
An's Sonnenlicht.
Ich aber geh' und will's der ganzen Welt
Verkünden, daß sie nicht
Von euch verführen sich und trügen lasse.“
Und sich in seinem Zorn abwendend ging er,
Und sein Geleite hinter ihm,
Und als er hinschritt durch die Straßen,
„Eitelkeit über Eitelkeit,
Eitel ist alles“ rufend,
Da schaarten alle Völker aller Zungen
Und alle Königinnen sich um ihn
Aus fernster Ferne, und er überströmte
Von mächtiger Beredsamkeit;
Denn seine Worte waren scharfen Spornen
Und zugespitzten Nägeln gleich.“

Trostreich, wonnevoll schließt sich der Pilger Salomon an, um zu sehen, welche Siege Salomon erringen, welche Verbesserungen er einführen, welche neue Ordnung der Dinge er bewirken werde. Aber wehe, drei Mal wehe! auch Salomon täuscht des Pilgers Erwartung: er läßt sich von den ihm durch die Weltkönigin, die Erdenweisheit, heimlich gelegten Schlingen umstricken; in einer Straße der Lebensstadt wird er von — Weibern verlockt; auch er, der Weiseste der Weisen, fällt. Und was geschieht mit dem Chor der Ueberirdischen, die ihn begleiten?:

„Da stürzten sie auf diese, jene, and're,
Und schlugen, hieben, warfen sie zu Boden,
Traten mit Füßen sie, und fingen, banden,
Und führten sie von dannen in den Kerker,
Wie jeden trieb die blinde Wuth,
So daß beinah' das Herz mir brach im Leibe;
Doch schwieg ich still, von solcher Grausamkeit
In Angst gesetzt, an allen Gliedern bebend.
Und ein'ge der Gefang'nen und Geschlag'nen
Sah ich die Händ' erheben,
Indem sie um Verzeihung dessen baten,
Was sie gethan; doch andere, je härter
Mit ihnen man verfuhr, um desto fester
Beharrten sie.
Drum wurden manche gleich vor meinen Augen
Dem Feuer überliefert, andere
Geschleudert in die Fluthen, andere
Gehängt, enthauptet, an das Kreuz geschlagen,
Gekneipt mit Zangen, und geschnitten,
Gestochen, auf dem Rost gebraten —
Unmöglich ist's
Die grausen Todesarten aufzuzählen,
Die sie erleiden mußten, und die Schaaren
Der Welt, sie — jubelten und jauchzten.“

Jetzt ist der Pilger in seinem Inneren gebrochen, zermalmt, und der Leser, der all die unzähligen Eindrücke des Welttheaters in sich aufgenommen, mit ihm. Die Welt erscheint dem Leser selbst als ein Haus des Wahnsinns, als ein Thal des Jammers, und legt sich mit der Schwere eines Kerkers auf seine Seele. Doch eben hier zeigt sich Comenius in seiner Größe. Er weiß nicht nur das Herz zu durchfurchen, er versteht auch Saat in dasselbe zu streuen; er schlägt nicht nur Wunden, er heilt sie auch; über der Nacht läßt er das Morgenroth, den goldenen Tag empor steigen; noch gibt es einen Weg der Rettung aus dem verworrenen Labyrinth.

Verzweiflungsvoll entreißt sich der Pilger seinen beiden Begleitern, die ihm endlich Freiheit gewähren, da sie ihn nicht für die ihm gezeigte Welt zu gewinnen vermögen. Er ist entschlossen, der Welt Lebewohl zu sagen, und sich in die schwarze Tiefe des Todes zu stürzen, von welcher die Lebensstadt umgeben ist. Doch indem er es thun will, hört er eine Stimme, die ihm zuruft: „Kehr' um!“ Er blickt um sich, gewahrt aber niemand; und wieder ruft die Stimme: „Kehr' um!“ und zum dritten Mal ertönt es: „Kehr' um dorthin, woher du ausgegangen, in deines Herzens Kammer, und schließe hinter dir die Pforte zu!“ Da erkennt er das göttliche Walten, und tritt ein in seines Herzens Kammer. Wie ist es da dunkel! Allmählig aber gewahrt er, wie durch ein verstaubtes und beschmutztes Fenster oben einiges Licht eindringt. Und nun gewahrt er auch, wie übel

es in der Kammer bestellt ist. Verblichene Gemälde, an denen die Unter=
schriften erhabenen Inhalts kaum zu unterscheiden, zerbrochene Leitern, hin=
geschleuderte Zugwinden und Stricke, große Flügel mit ausgerauften Fe=
dern, auch eine Uhr mit verdorbenem Werke. Wie da zu helfen? Und
während er rathlos nachsinnt, ohne etwas zu ersinnen, erfüllt sich das Fen=
ster oben mit himmlischem Glanze, und es schwebt ein Wesen zu ihm nieder,
menschenähnlich, aber wahrhaft göttlich, und in der Stimme Ton, die er
schon früher vernommen, spricht es ihn unaussprechlich=liebreich an, daß
all sein Bangen verschwindet:

> „Wo warst du, Sohn? Wo warest du so lange?
> Wo gingest du umher? Was suchtest
> Du in der Welt? Die Lust? Wo hättest du
> Sie anders suchen sollen, als in Gott,
> Und wo Gott anders, als in seinem Tempel?
> Und welcher ist
> Der Tempel Gottes, des lebend'gen,
> Als der lebend'ge Tempel, den er selbst
> Sich hat gebauet, als dein eignes Herz?
> Ich sah dir zu, mein Sohn, als du dort irrtest;
> Doch wollt' ich länger zuseh'n nicht, und führte
> Dich zu dir selbst, dich in dich selber ein.
> Hier hab' ich meinen Wohnsitz mir erwählt;
> Willst du mit mir da wohnen, findest du,
> Was du vergebens suchtest in der Welt,
> Frieden und Lust und Ruhm und alle Fülle.
> Dies, Sohn, versprech' ich dir
> Und nicht, wie dort, wirst du getrogen werden."

Da erkennt er den Heiland, den Erlöser, und sich ihm ganz und gar
ergebend, bespricht er sich nun lange — lange mit ihm. Welch erhabene,
welch beseligende Lehren empfängt er von ihm, daß er sich ganz genesen,
ganz umgewandelt und erneuert fühlt! Und statt des Zaumes empfängt er
das Joch des Erlösers, Gehorsam, und statt der früheren Brille eine andere,
deren äußere Einfassung Gottes Wort, deren inneres Glas der heilige Geist
ist. Und wieder, auf seines himmlischen Gastes Geheiß, durchpilgert er die
Welt, um die dort zerstreut lebenden wahren Christen kennen zu lernen;
denn auch viele treffliche Menschen beherbergt sie unter den Schaaren der
übrigen. Wie anders erscheint ihm nun alles, wie fühlt er sich nun voll
des Glückes, das er früher vergebens gesucht. Und er läutert sich an dem
Leben, er läutert sich an dem Sterben der Gerechten, deren jenseitiges
Wonneloos ihm in einem entzückenden Gesichte geoffenbart wird. Noch ein
Mal spricht ihn da der Heiland an:

> „Hab' keine Furcht, mein Lieber.
> Ich dein Erlöser, ich dein Tröster bin
> Mit dir: hab' keine Furcht!

Hinweg genommen ist von dir,
Was Uebles an dir war,
Und deine Sünde ist getilgt.
Freu' dich und juble, denn dein Name
Ist zwischen diese aufgezeichnet,
Und dienest du mir treu,
So wirst du sein, wie ihrer einer.
Was du gesehen, nütz' zu deinem Frommen,
Zu seiner Zeit wirst du noch Größ'res seh'n.
Sei nur in dem auf deiner Huth,
Wozu ich dich berufen,
Und schreit' auf jenem Weg zu meinem Ruhme,
Den ich gewiesen dir.
Sei in der Welt, so lang' ich dort dich lasse,
Ein Pilger, Diener, Ankömmling und Gast;
Bei mir jedoch, da sei daheim,
Das wahre Himmelreich wird dir geboten.
Drum suche deinen Umgang hier,
Und immer habe deinen Geist
Zu mir emporgerichtet,
Hinab geneigt zu deinem Nächsten;
Die ird'schen Dinge mög'st du nützen,
So lang' du auf der Erde weilst,
In himmlischen ergetze dich;
Nachgiebig gegen mich, sei unnachgiebig
Gegen die Welt und deinen Leib;
Bewahr' in deinem Inneren die Einfalt,
Die ich empfohlen dir,
Laut sei dein Herz, still deine Zunge;
Empfindlich sei für fremde Noth,
Für eignes Drangsal abgehärtet;
Mit deiner Seele diene mir allein,
Mit deinem Leibe, wem du kannst und mußt;
Thu', was ich dir befehle,
Und was ich auf dich lade, trag';
Nicht nach der Welt, nach mir hin geh' dein Streben,
Sei in der Welt mit deinem Leibe,
Mit deinem Herzen sei in mir.
Thust also du, dann bist du selig,
Und gut und wohl befinden wirst du dich.
Und nun mein Lieber, geh' und harre
Bis an dein Ende aus, das Glück,
Wozu ich dich geführt, in Lust genießend!"

Da verschwindet das Gesicht, und der Pilger stürzt auf seine Knie, und die Augen zum Himmel erhebend, bricht er in folgenden Dankgesang aus:

„Gebenedeit bist du Herr, mein Gott,
Und Preises würdig, höchster Verherrlichung,

Gebenedeiet dein glorreicher Name
In alle Ewigkeiten!

So mögen dich erheben deine Engel,
Und alle deine Heiligen
Den Welten deinen Ruhm erzählen!

Denn groß bist du in deiner Macht,
Und deine Weisheit unerforschlich,
Und deine Barmherzigkeit
Ueber deine Thaten alle.

Bis an mein Ende will ich dich preisen, Herr,
Denn mich entzückt hat deine Barmherzigkeit,
Und meinen Mund erfüllt mit Jubel,
Der du gerissen mich aus wilder Stromfluth,
Aus Wirbeltiefen mich gerettet,
Und hingestellt auf sichren Fuß.

Weit war ich, weit entfernt von dir,
O du mein Gott, voll ew'ger Lieblichkeit,
Allein gemahnet hast du mich;
Ich schwankt' umher, und wußte nicht wohin,
Du hast geführt mich auf den rechten Pfad;
Ich hatte mich von dir verirrt,
Du hast mich umgewendet, zu mir tretend,
Und mich zurückgegeben mir und dir.

Bis zu den Qualen der Hölle war ich gekommen,
Du faßtest mich,
Und führtest mich bis zu des Himmels Wonnen.

Drum, meine Seele, preise den Herrn,
Und meine innersten Eingeweide
Lobsinget seinem heil'gen Namen!

Bereit ist, o Gott, bereit mein Herz,
Und jubeln und jauchzen will ich dir,
Denn hoch bist über alle Höhe du,
Und tiefer du, als alle Tiefe,
Du Wunderbarer, du Glorreicher,
Du voll, o voll Barmherzigkeit!

Weh' den Unsinnigen,
Die von dir sich kehrend,
Zu finden wähnen jemals Ruh',
Da sie der Himmel nicht und nicht die Erde,
Und nicht der Abgrund hat,
Weil nur in dir die ew'ge Ruhe ist!

Himmel und Erde sind von dir,
Weil sie von dir sind;

Doch nicht so gut und nicht so schön,
Nicht so begehrenswürdig,
Als du, der sie gemacht,
So daß die Seele, Labsal suchend,
Darin nicht findet Sättigung.
Du bist der Fülle Fülle, Herr,
Und unser Herz bleibt unbefriedigt,
So lang's in dir nicht Ruhe hat.

Spät wohl hab' ich begonnen dich zu lieben,
O ew'ge Schönheit du,
Weil ich zu spät dich hab' erkannt;
Doch damals, da erkannt' ich dich,
Als mir dein himmlisch Licht erstrahlte.

Es mag von deinem Ruhme schweigen,
Wer nicht erfahren deine Barmherzigkeit;
Ihr aber, meine Eingeweide,
Bekennet den Herrn!

O wer beglückt mich so, daß sich mein Herz
Beruhigt durch dich, du ew'ger Wohlgeruch,
Daß ich vergeß' auf alles,
Was du nicht bist, o Gott?

Verhüll' nicht länger meinem Herzen dich,
O schönste aller Schönheit du!
Und wenn das Irdische dich mir verdunkelt,
So will ich sterben, um dich zu schau'n,
Und, bei dir weilend, nie dich zu verlieren.

Halt mich, o Herr, und führ' und trage mich,
Daß ich von dir mich nie verirr' und strauchle,
Daß ich dich lieb' in ew'ger Liebe,
Und lieb' nichts Andres neben dir,
Als nur für dich und nur in dir,
O du unendliche Liebe du!

Was soll ich weiter reden, o Herr?
Dein bin ich jetzt, dein ganz in Ewigkeit.
Dem Himmel entsag' ich und der Erde,
Nur, Herr, um dich zu haben,
Und gibst du dich mir, hab' ich genug,
In alle Ewigkeiten
Unwandelbar genug,
An dir allein.

Es drängt sich meine Seele,
Mein Leib zu dir, lebend'ger Gott:
Wann werd' ich geh'n,
Um mich vor deinem Angesicht zu zeigen?

Nimm mich, o Herr, wann dir's beliebt,
Hier bin ich, steh' bereit:
Ruf' wann und wo und wie du willst.
Wohin du gebeutst, dort geh' ich hin,
Und was du befiehlst, das will ich thun.

Nur wolle mich dein Geist geleiten,
Und durch der Welt Fallstricke mich
So wie auf ebnem Boden führen;
Geleiten wolle mich
Deine Barmherzigkeit auf meinen Wegen,
Und durch der Welt beklemmende Finsternisse
Zum ew'gen Licht mich führen! Amen! Amen!

Blick vom Belvedere.

I.

So stünden wir denn auf unserem letzten Standpunkte. Nicht umsonst führt er den Namen Belvedere; denn auch von hier breitet sich Prag in seiner ganzen Schönheit, Pracht und Herrlichkeit vor unseren Blicken aus, nur noch lieblicher und vollständiger als früher. Gegen Süden erhebt sich der Wyšehrad, gegen Westen der Hradschin, gegen Osten der Žižkaberg. Diese Standpunkte müssen uns im Gedächtnisse bleiben, damit wir das, was wir von unserem jetzigen, dem jüngsten und neuesten, zu schauen haben, um desto besser auffassen. Auf langem Silberpfade windet sich die Moldau dazwischen fort, und gerade unter unseren Füßen, grüne Weingärten netzend, stürzt sie über ein Wehr, und sendet ihre süßrauschenden Grüße zu uns empor, als wollte sie uns etwas von einer goldenen Zukunft zuflüstern.

Mit ewigen Lettern stand es in dem Buche der Vorsehung geschrieben, daß ein weitgebietendes, zahlreiche Völker umfassendes, habsburgisches Oesterreich werden solle. Kein dreißigjähriger Krieg, kein österreichischer Successionskrieg, kein siebenjähriger Krieg, nicht die dazwischen tobenden Türkenkriege, und nicht der französische Revolutionskrieg vermochten die Verwirklichung zu hindern, wenn auch einzelne Theile des großen Staatenverbandes aufgegeben werden mußten. Das Aufgegebene wurde stets wieder durch neue Theile ersetzt, bis sich das Ganze immer mehr und mehr aus einem Aggregat zu einem wohlabgerundeten, organischen Körper gestaltete. Bei so gewaltigen stürmischen Processen ist sich nicht zu wundern, daß die Regierung, die mehr auf die Erhaltung des Ganzen bedacht sein mußte, der Wartung und Pflege der einzelnen Theile ihre Aufmerksamkeit nicht in dem Maße zuwandte, als sie sonst gewiß gethan haben würde. In Böhmen ging es seit dem dreißigjährigen Kriege recht traurig her. Von der wilden Furie dieses Krieges wurde die Leibeigenschaft mit ihren harten Frohndiensten und willkührlichen Gerichten in das Land geschleppt, und lastete, wenn schon schwer auf der deutschen Bevölkerung, die allmälig in die verlassenen Gränzbezirke, besonders des Erzgebirges, einwanderte, um so schwerer auf den Nationalböhmen, die für die Besiegten galten, und gegen die man nach dem Ausspruche: „Vae

9*

victis!" ärger zu verfahren, sich gleichsam für befugt hielt. Auch unterließ man nicht, den Nationalböhmen ihre Geschichte, anstatt sie vernünftig zu besprechen, und die Fülle des Herrlichen in ihr zweckmäßig zu verwenden, theils in Vergessenheit zu bringen, theils sie ihnen als eine bis in die Heidenzeiten hinauf von den ärgsten Missethaten befleckte zu schildern, so daß die Kinder ihre Väter gering schätzen und verabscheuen lernten. Welches konnte da der Ideenkreis eines Volkes sein, das leiblich darnieder gedrückt war, und sein historisches Bewußtsein aufgab? Nicht, daß nicht jetzt noch manches Erhebliche auf dem Felde der Literatur, der prosaischen sowohl, als der poetischen, geleistet worden wäre — in diese Zeit fällt ja auch die bisher vielleicht zu parteiisch beurtheilte Thätigkeit der Jesuiten: allein die geistige Triebkraft des Volkes war erstorben; was erschien, war mehr das Lebenszeichen Einzelner, als des böhmischen Volkes. Ferdinand II. hatte der deutschen Sprache in Schule und Amt gleiches Recht mit der böhmischen eingeräumt, was, durch die obwaltenden Verhältnisse bedingt, in der Ordnung war; Joseph II. ging um einen bedeutenden Schritt weiter, er führte in den Haupt-, Mittel- und höheren Schulen und im Amte nach obenhin die deutsche Sprache als die allein geltende ein. Dadurch ward aber dem Volke, als solchem, nicht geholfen. Der Schulen waren zu wenig, als daß das Volk hätte deutsch werden können, da nur ein kleiner Theil desselben in sie gelangte; eine Lehrmethode der deutschen Sprache für Nationalböhmen gab es nicht, so daß viele durch die Unmethode in den Schulen zu Grunde gingen; endlich waren oft die Lehrer der deutschen Sprache nicht mächtig, und die Kinder lernten gedankenlos auswendig, sogar Religion und Beten, oder sie lernten ein Kauderwälsch von Deutsch. Konnten solche Unterrichtsanstalten dem Volke fruchten, und was mußten die Folgen sein? Dabei blieb die Amtssprache nicht bloß nach obenhin deutsch, sie wurde dies durch Beamtenmißbrauch auch nach unten hin. Was sollte aber der stockböhmische Bauer, der zum Deutschlernen gar nicht gekommen war, mit einem deutschen Erlasse anfangen? Er verstand ihn nicht nur nicht, sondern er mißverstand ihn, ward mißverstanden, und Unfügen aller Art, auch von Seiten gewissenloser Privatpersonen, war das Thor geöffnet. Daß unter solchen Umständen Ignoranz, Pauperismus und Demoralisation einrissen, ist begreiflich. Welch ein Widerspiel zu dem goldenen Zeitalter unter Rudolph II., zu der Blüthenperiode unter Karl IV.! Nur noch von der Kanzel quoll dem böhmischen Volke Heil.

Doch nicht bloß von ihr, sie quoll auch aus den sonstigen Einrichtungen, die Joseph II. traf, das Werk seiner großen Mutter Maria Theresia fortsetzend. Joseph II. erleichterte gar sehr das materielle Loos des gemeinen Mannes, so daß er bei ihm noch heutigen Tags in geheiligtem Andenken steht. Er hatte bei allem die besten, edelsten Absichten, und wenn er auf das Böhmische, als Bildungs- und Erziehungselement, zu wenig

Gewicht legte, so muß man bedenken, wie tief es damals bereits gesunken war, und daß man von den hinterbliebenen Literaturschätzen der früheren Periode noch keine Ahnung hatte. Die lagen noch ungehoben in der halben Welt zerstreut, bedeckt mit Staub und Moder. Ein Joseph II. hätte sie zu benützen gewiß nicht versäumt, denn er war ein Freund des Lichtes. Und eben weil er dies war, so quoll dem stockböhmischen Volke selbst aus den deutschen Schulen Heil. So manchen Nationalböhmen gelang es nämlich, sich trotz allen Hindernissen durch die deutschen Schulen glücklich hindurch zu arbeiten. Mit dem darin geweckten und bereicherten Geiste begannen nun einige, ungleich anderen, die sich von ihrem Volke herz= und treulos abkehrten, über das Schicksal ihres Volkes nachzusinnen. Verhielt es sich immer so mit ihm, konnte es nicht anders mit ihm werden, zu seinem Wohle, zum Wohle des Staates, dem es durch eine unverkennbare Leitung des Himmels angehörte, zum Besten der Menschheit überhaupt? Dies waren die Fragen, die sich ihnen aufdrängten. Ihre Beantwortung führte zu böhmischen Sprach=, Geschichts= und Alterthumsstudien, und so entstand die neue böhmische Literatur.

Indessen stellten sich den Unternehmern nicht geringe Schwierigkeiten in den Weg. Die Sprache, so wahrhaft klassisch, nur mit den alten Sprachen vergleichbar, sie ihrem Organismus nach war, und so sehr sie in den früheren Glanzperioden geübt und ausgebildet worden, war hinter den Fort= schritten der Neuzeit zurückgeblieben, und mußte erst wieder zurecht gerichtet werden. Die Empfänglichkeit der niederen und mittleren Volksklassen ließ sich zwar wecken; allein es war zweifelhaft, ob sie im Stande sein würden, eine Literatur auch pecuniär zu erhalten, da die höheren Stände, mit weni= gen rühmlichen Ausnahmen, ihren kaltsinnigen Egoismus hinter den schön= klingenden Namen von Austriacismus und Kosmopolitismus verbargen. Dazu kamen Streitigkeiten über Orthographie, Metrum, Etymologie und Sprache überhaupt, über Ziel und Plan des ganzen Vorhabens, im Heer= lager der Literaten selbst, so daß es an Spott lachlustiger Beobachter nicht fehlte. Als jedoch die Sache dessen ungeachtet vorwärts schritt, hörte man auf, sie zu belachen, und fing an, sie wichtig zu nehmen. Neue Hindernisse erwuchsen. Man fühlte sich anfangs durch die sonderbare Erscheinung, die allmälig ihre Forderungen stellte, unliebsam genirt, da man im Inlande, vollends im Auslande, das böhmische Volk schon begraben wähnte. Dann aber wurde man aufmerksam, daß es im ganzen Kaiserthume an 20 Millio= nen, in ganz Europa an 80 Millionen Slawen gebe, und nun schöpfte man Verdacht, worin man sich durch einige muthwillige Bocksprünge des jungen böhmischen Lebens bestärken ließ; es tauchten Befürchtungen von Separatis= mus, von einem slawischen Oesterreich, von Russomanie und Panslawismus auf, welche Gespenster einen Schein von Möglichkeit nicht entbehrten; es kam zu heimlichen und offenen Verfolgungen. Dies bewog mich, im Jahre

1848, jedoch vor den bekannten Wirren und Stürmen, eine Broschüre mit dem Titel „Ein Wort über das Streben der böhmischen Literaten" zu Prag herausgegeben, auf die ich hier verweise, um das Gesetz der Kürze einzuhalten.

Inzwischen hatte die wachsame Regierung, als sie gewahrte, daß die Sache kein Spiel, sondern bedeutungsvoller Ernst sei, die Zügel der Leitung selbst erfaßt. Kaiser Franz der Gerechte war es, welcher, das sich laut ankündigende Bedürfniß würdigend, erlaubte, die böhmische Sprache als Lehrgegenstand wieder in den Schulen anzuwenden. Es erscholl ihm allgemeiner, tiefgefühlter Dank dafür. Schon durch diese Erlaubniß hob sich die böhmische Literatur und mit ihr das Bewußtsein des Volkes. Kaiser Ferdinand der Gütige schaffte die Robot und das Unterthansverhältniß zu den Herrschaftsbesitzern gänzlich ab, und führte die böhmische Sprache gesetzlich wieder in die Schule ein. Kaiser Franz Joseph aber, dessen inhaltsreicher Wahlspruch: „Viribus unitis," verlieh, mit energischer Zurückweisung aller Uebergriffe, dem Unterrichtswesen in der gesammten Monarchie eine feste Form und Gliederung. Näheres hierüber theilte ich in zwei Artikeln: „Die Realschulen Böhmens" und „die Sprachen Oesterreichs in den Schulen" mit, Zeitschrift der höheren Bürgerschule, Leipzig 1852 und 1853. Die deutsche Sprache ist zur allgemeinen Reichssprache erklärt; allein die Kinder sollen zu ihr in den Hauptschulen methodisch vermittelst ihrer Muttersprache angeleitet, und die Muttersprache soll in den späteren Schulen nicht bei Seite geworfen, sondern nach Maßgabe ihrer Culturfähigkeit und des obwaltenden Bedürfnisses selbst zum Vortrage in einzelnen Fächern angewendet werden, damit der Gebildete seinem Volke nicht entzogen, sondern vielmehr in den Stand gesetzt werde, seine Bildung auf das Volk durch dessen Muttersprache, als das leichteste und sicherste Mittel, fortzupflanzen. Diese Einrichtung, weder entnationalisirend, noch der Nationalität schmeichelnd, weder erzwingend, noch erzwungen, sondern auf einer pädagogischen Grund = und natürlichen Sachlage beruhend, bildet auch für die Literatur = und Entwicklungsgeschichte des böhmischen Volkes eine neue Epoche. Es vermag nun noch besser, denn je, zu zeigen, daß es den Zweck, zu welchem es vom Himmel trotz allen erfahrenen, zum Theil selbst verschuldeten, schweren Geschicken bis auf den heutigen Tag erhalten, und gleichsam aufbewahrt worden, erfaßt habe, nämlich den Zweck, als eines der nützlichsten, unentbehrlichsten Glieder das Heil eines Staates, dessen Gewicht immer schwerer in die Wagschale der Weltgeschichte fällt, ehrenvoll fördern zu helfen, nach dem bekannten Epigramm:

Immer strebe zum Ganzen, und kannst du selber kein Ganzes
Werden, als dienendes Glied schließ' an ein Ganzes dich an.

II.

Wenn unter den geschilderten Umständen die böhmische Literatur hinter der indeß zu ihrer jetzigen Sonnenhöhe emporklimmenden deutschen Literatur, mit der sie früher gleichen Schritt gehalten, zurückblieb, so ist dies begreiflich, eben so begreiflich, als daß sie gegenwärtig, wo die europäischen Völker immer näher an einander rücken, und sich immer vielseitiger berühren, nicht die Spuren ihrer altnationalen Eigenthümlichkeit an sich tragen kann. Gleichwohl hat sie sich, was das Erste betrifft, bereits auf einen Standpunkt erschwungen, wo sie sich mit der Literatur jedes kleineren europäischen Volkes zu messen vermag, und sie hat einzelne Meisterwerke aufzuweisen, die sich in ähnlicher Sphäre denen jeder anderen Nation an die Seite stellen lassen; was das Zweite anlangt, so gehen ihr, wenn sie auch besonders angewiesen ist, die deutsche Literatur zu benützen, gewisse charakteristische Merkmale durchaus nicht ab, die freilich der oberflächliche, oder wohl gar von Vorurtheilen eingenommene Beobachter nicht bemerkt. Bei den Tausenden von Werken, die bereits in der neuen böhmischen Literatur erschienen sind, und bei den Hunderten von Männern, die an ihr in Böhmen, Mähren und der Slowakei arbeiten (denn Böhmen, Mährer und die Slowaken in Nordungarn bedienen sich derselben Schriftsprache), ist es hier bloß meine Absicht, ein kurzes alphabetisches Verzeichniß verdienter Schriftsteller mit Angabe ihrer Leistungen zu liefern, aus dem sich Schlüsse nach allen Richtungen leicht ergeben werden:

Boček, Anton, geb. 1802 in Mähren, gest. 1847. Professor der böhmischen Sprache und Literatur an der mähr. ständ. Akademie zu Olmütz, dann mähr. ständ. Archivar und Historiograph zu Brünn. Besonders verdient durch seinen Codex diplomaticus et epistolaris Moraviae und seine genealogischen Tabellen der Herrscher und Würdenträger Mährens, durch welche Werke er der Begründer der mährischen Geschichtsforschung wurde.

Čelakowský, Franz Ladislaw, geb. 1797 in Böhmen, gest. 1852. Bibliothekar bei Fürst Rudolph Kinsky, dann Professor der slawischen Philologie an der breslauer Universität, zuletzt Professor desselben Gegenstandes an der prager Universität. Großer Philolog und Dichter. Unter seinen Werken verdienen besondere Hervorhebung: Böhmische Lesebücher, für Gymnasien, und slawische für die Hochschule — eine vergleichende Grammatik der slawischen Sprachen — eine Sammlung slawischer Sprüchwörter und slawischer Volkslieder — eine Uebersetzung lithauischer Volkslieder, der Jungfrau vom See von Walter Scott und der Blätter der Vorzeit von Herder — eine starke Sammlung von Original- und übersetzten Gedichten. Eine Auswahl aus seinen slawischen Volksliedern kam von mir zu Halle 1830 übersetzt

heraus. Von seinen Originalgedichten erschien von mir der „Nachhall böh=
mischer Volkslieder," und „der Nachhall russischer Volkslieder" übersetzt in
der „Blumenlese aus der böhmischen Kunst= und Naturpoesie neuerer und
älterer Zeit," Prag 1854.

Dobrowský, Joseph, geb. 1753 in Ungarn, gest. 1829. Weltpriester.
Machte 1792 mit dem gelehrten Grafen Kaspar von Sternberg eine Reise
nach Schweden und Rußland. Wurde durch seine theils deutsch, theils
böhmisch verfaßten linguistischen Schriften der Begründer des sla=
wischen Sprachstudiums in Böhmen und so eigentlicher Veranlasser der
neuen Cultivirung der böhmischen Sprache, da man ihre hohen Vorzüge
nun recht schätzen lernte. Meisterhaft charakterisirt sie Čelakowský in seiner
„hundertblättrigen Rose" also:

1.

Unsre Sprach' ein Roß voll Feuer,   Stolz trägt es das Haupt, das Auge
Schöngestaltet, edles Blut,   Sprühet Blitze, flammenreich,
Wie der Sohn der Freiheit schweifend   Dampf und Funken bläst die Nüster,
Durch die Welt in wildem Muth.   Seine Haut der Seide gleich.

Fliegt es, flattern seine Mähnen
Lustig in dem Spiel der Lüfte;
Trabt es langsam, ist sein Gang
Tanz nach griech'schen Maßes Klang.

2.

Führt ein Meister es im Kreise   Doch weh dem, der's in die Weiche
Mit Gewandtheit und Geschick,   Tölpisch preßt mit dreistem Fuß!
Schwebt er drauf, ein heller Falke,   Flugs liegt er im Staube unten,
Beiden folget gern der Blick.   Sich zur Schmach und zum Verdruß.

Auch in einer fremden Schule
Zucht und Regel, Art und Weise —
Freundchen, spare deine Müh' —
Schmiegt das Flammenroß sich nie.

Doucha, Franz, geb. 1810 in Böhmen. Weltpriester. Vortrefflicher
Uebersetzer aus dem Englischen (Thomson's Jahreszeiten, Ro=
meo und Julie, und andere Shakespear'sche Stücke) und Verfasser schätz=
barer Kinderschriften.

Erben, Karl Jaromir, geb. 1811 in Böhmen, Pragerstädt. Archi=
var. Besonders verdient durch eine reiche Sammlung böhmischer
Volkslieder sammt Melodien, durch eine höchst gelungene Bearbei=
tung böhmischer Volksmährchen, und durch die für die Geschichte
äußerst wichtigen Regesta diplomatica nec non epistolaria
Bohemiae et Moraviae. Eine Auswahl aus seinen Volksmährchen
siehe in meinem „Rosmarinkranz," Regensburg 1855.

Hanka, Wenzel, geb. 1791 in Böhmen. Bibliothekar und Custos
des Museums des Königreichs Böhmen. Entdecker der königinhofer
Handschrift; Herausgeber derselben, und vieler anderen altböhmischen

Literaturdenkmäler, auch des öfters erwähnten rheimser Evange=
liums; tüchtiger Kenner der slawischen Sprachen überhaupt, in wel=
chem Gebiete er mehrere Schriften verfaßte; Dichter und Uebersetzer der
Idyllen von Geßner. Ist Mitglied vieler gelehrten Gesellschaften, und
erhielt von Sr. k. k. apost. Majestät Franz Joseph I. die goldene Medaille
für Wissenschaft und Kunst, von weiland Kaiser Nikolaus das Ritterkreuz
des Sct. Wladimirordens und das Commenthurkreuz des Sct. Annen=
ordens, von der k. russischen Akademie eine silberne und eine goldene Medaille.

Hněwkowský, Sebastian, geb. 1770 in Böhmen, gest. 1847. Bür=
germeister. Einer der frühesten und eifrigsten Pfleger der böhmischen Muse.
Sein bestes Werk ist das komische Epos „Děwin" mit demselben Stoffe,
den Karl Egon Ebert und van der Velde in ihrem „Mädchenkriege" tra=
gisch bearbeiteten.

Holý, Johann, geb. in Ungarn, bereits gestorben. Weltpriester. Be=
währte sein poetisches Talent durch eine reiche Sammlung lyrischer Ge=
dichte und durch zwei Epen: „Swatopluk" und „Cyrill und Me=
thud." Auch übersetzte er Virgils Aeneide.

Jablonský, Boleslaw (eigentlich Tupý, Karl Eugen), geb. 1813 in
Böhmen. Ordenspriester. Einer der vorzüglichsten Dichter, besonders im
lyrischen und didaktischen Fache. Gab auch alt= und neuböh=
mische geistliche Lieder heraus. Eine Auswahl aus seinem „Salomon"
siehe in meinem „Rosmarinkranz," Regensburg 1855.

Jan z Hwězdy (eigentlich Marek, Johann Heinrich), geb. in Böh=
men, bereits gestorben. Weltpriester. Ist besonders im Novellenfache
ausgezeichnet.

Jungmann, Joseph, geb. 1773 in Böhmen, gest. 1847. Doktor der
Philosophie, Gymnasiallehrer, dann Gymnasialdirektor. Von den größten
Verdiensten um die böhmische Literatur durch Heranbildung der Jugend
und seine schriftstellerischen Leistungen; allgemein verehrt und geliebt, auch
von Sr. k. k. Majestät Kaiser Franz I. durch das Ritterkreuz des Leopolds=
ordens ausgezeichnet. Verfasser eines riesigen böhmisch=deutschen Lexi=
kons in 5 Quartbänden, einer Geschichte der Literatur und eines
böhmischen Musterbuchs der redenden Künste; Uebersetzer des ver=
lornen Paradieses von Milton und des Atala von Chateaubriand.
Sein Lexikon feiert Čelakowský in folgendem Epigramm:

All' unsre Bäche und all' unsre Flüsse —
O Dank dir, Dank! — hast in ein einzig Meer
Mit ungeheu'rer Mühe du gesammelt.
Ihr Prosaisten, nun so tauchet unter,
Und holt Korallen, Perlen draus empor;
Und ihr, und ihr, sanglust'ge Argonauten,
Mit günst'gem Winde schifft auf ihm dahin,
Dem Vaterland das goldne Vließ zu bringen!

Stulc in seinen „Erinnerungsblumen" ehrt Jungmanns Andenken, dessen Schüler er gewesen, durch folgendes Gedicht, bei dem kleinen Dorfe Hudlitz verweilend, wo derselbe geboren worden:

> Wie dich grüßen, theueres Hudlitz,
> Das so hold zum Herzen spricht!
> Schon erblick' ich dich, und Thränen
> Netzen süß mein Angesicht.
>
> Deine Wieg' ists, Vater Jungmann,
> Unser Bethlehem! O du
> Und dein Leben, treuen Böhmen
> Winkt ihr stets, wie Sternlicht, zu!
>
> Dies mein Gruß. Mein Aug' besprenget,
> Meine Seele küßt die Spuren,
> Wo dahin mit heil'gem Tritt
> Einst mein Meister — Engel schritt.

Kamaryt, Joseph Wlastimil, geb. 1791 in Böhmen, gest. 1833. Weltpriester. Besonders verdient durch eine starke Sammlung böhmischer geistlicher Volkslieder.

Kamenicky (eigentlich Wacel), **Franz Aloys,** geb. 1806 in Böhmen. Weltpriester. Zeichnete sich besonders durch seine im Volksgeist gedichteten Lieder und durch seine Uebersetzungen aus dem Deutschen und Italienischen aus (Mädchenkrieg von van der Velde, Sonette von Petrarka).

Klácel, Mathias Franz, geb. 1808 in Böhmen. Ordenspriester. Professor der Philosophie zu Brünn, jetzt Bibliothekar des dortigen Augustinerklosters. Schätzbarer Schriftsteller in den Fächern der Grammatik und Philosophie, auch lyrischer Dichter.

Klicpera, Wenzel, geb. 1793 in Böhmen, emeritirter Gymnasialdirektor und Schulrath. Aeußerst fruchtbar im dramatischen Fache an Originalprodukten der ernsten sowohl, als komischen Muse, womit er die böhmische Bühne rastlos bereichert, um die er sich große Verdienste erworben.

Kollár, Johann, geb. 1793 in Ungarn, gest. 1852. Evangelischer Prediger zu Pesth, zuletzt Professor der slawischen Archäologie an der Wiener Universität. Hervorragend durch seine geistlichen Reden und archäologischen Werke, von der größten Bedeutung für die Entwicklung der böhmischen Literatur durch seine aus mehr als 600 Sonetten bestehende Dichtung: „Die Tochter der Slawa." Gab auch eine starke Sammlung slowakischer Volkslieder heraus. Aus der Dichtung „die Tochter der Slawa" erschienen von mir 50 Sonette übersetzt in den „Blüthen neuböhmischer Poesie." Prag 1833.

Kramerius, Wenzel Mathias, geb. 1753 in Böhmen, gest. 1808. Prager Bürger. Gehört zu den frühesten Weckern und Pflegern der böhmischen Literatur, die er mit zahlreichen Volksschriften beschenkte.

Macháček, Simeon Karl, geb. 1799, gest. 1846. Gymnasiallehrer. Schätzbarer Dichter, auch im dramatischen Fache, und Uebersetzer (Iphigenie von Göthe, Jungfrau von Orleans von Schiller, De arte poëtica von Horaz, die catilinarischen Reden von Cicero, Julius Cäsar).

Marek, Anton, geb. 1785 in Böhmen. Weltpriester. Gleichfalls einer der frühesten Förderer der böhmischen Literatur und verdienstvoller Schriftsteller im Gebiete der geistlichen Rede und Philosophie. Auch ihm setzt Stulc in seinen „Erinnerungsblumen" ein Denkmal, als er auf Libuň, wo Marek als Seelsorger und Bezirksschulaufseher wohnt, und in dessen Nähe sich die Ruinen der alten Burg Trosky, und die romantischen Felsen von Großskal erheben (zwischen Jitschin und dem durch seine Edelsteinschleifereien berühmten Turnau) zu sprechen kommt:

> Wer blickt feurig dort hernieder
> Von des Felsens hohem Stand,
> Dringt mit seinem Geist, die Sternflur
> Messend, bis ins Wolkenland?
>
> Trosky, Großskal und du Libuň,
> O ihr kennet ihn! das Wort
> Gottes — er ists, der's euch kündet,
> Der euch süßer Sonnenort.
>
> Als das Volk, die Heimath hinstarb,
> Glüht' er, ein Prophet der Slawen;
> Seiner Brüder Schaar, die schlief,
> Priester Anton wach sie rief.

Nebeský, Wenzel Bolemír, geb. 1819 in Böhmen, früher Erzieher. Leistete Werthvolles im Gebiete der Literaturgeschichte, und redigirt gegenwärtig die böhmische Museumszeitschrift, die während ihres vieljährigen Bestehens eine Schatzkammer des Wissenswürdigen und Interessanten geworden.

Němec, Božena, geb. 1820. Eine Dame, die böhmische Volksmährchen vortrefflich zu erzählen versteht.

Palacký, Franz, geb. 1798 in Mähren, böhm. ständ. Historiograph und Mitglied vieler gelehrten Gesellschaften. Durchsuchte zum Behufe historischer Studien nicht nur alle bedeutende Archive der Monarchie, sondern auch die auswärtigen zu Dresden, Breslau, Berlin, Frankfurt am Main, München, Basel, Rom und Paris, und wurde durch seine theils deutsch, theils böhmisch verfaßten zahlreichen historischen Schriften, deren Krone seine Geschichte von Böhmen, der Schöpfer der eigentlichen wissenschaftlichen, auf Urkunden gestützten, böhmischen Geschichtschreibung, so wie er um das böhmische Museum, die böhmische Museumszeitschrift, die er mit ins Leben rief und zuerst redigirte, ferner um den Fond zur Herausgabe böhmischer Bücher, zu deſſen Begründern er gehörte, und den er Jahre lang verwaltete, die größten Verdienſte hat. Celakowſký ſpricht zu ihm in ſeiner „hundertblättrigen Roſe:"

> Land, durch Schweiß und Blut geheiligt,
> Großer Männer Mutter du,
> Ha dein Volk trotz allem Drangſal
> Schloß noch nicht das Auge zu!
>
> Ruhm der Drang, von dem einſt jede
> Bruſt in deinen Städten ſchwoll;
> Jedes Dorf voll offner Köpfe,
> Jede Burg, der Helden voll.
>
> Auf, Geſchichtsmann, in den Gängen
> Des Vulkans, des eingeſtürzten,
> Leuchte durch die Dämmerung,
> Mach' die alte Liebe jung!

Presl, Johann Swatopluk, geb. 1791 in Böhmen, geſt. 1849. Doktor der Medicin und Profeſſor der Naturgeſchichte an der prager Univerſität. Sehr verdient durch ſeine naturhiſtoriſchen Schriften, beſonders durch eine große, mit dem gründlichſten Fleiße ausgearbeitete Botanik.

Puchmayer, Anton, geb. 1769 in Böhmen, geſt. 1820. Weltprieſter. Gehört gleichfalls zu den früheſten Pflegern der böhmiſchen Literatur, beſonders im Gebiete der geiſtlichen Rede und der Dichtkunſt. Seine ruſſiſche Grammatik wurde von der k. Akademie zu Petersburg belobt.

Purkyně, Johann, geb. 1787 in Böhmen. Doktor der Medicin, früher Profeſſor der Phyſiologie an der Univerſität zu Breslau, jetzt Profeſſor deſſelbigen Gegenſtandes an der Univerſität zu Prag, Ritter des k. preuß. rothen Adlerordens, Mitglied vieler gelehrten Geſellſchaften. Von hohem Verdienſt durch mehrere in ſein Fach einſchlagende theils deutſch, theils böhmiſch verfaßte Schriften, durch eine Ueberſetzung der Gedichte Schillers und durch die Begründung der naturhiſtoriſchen Zeitſchrift „Ziwa," die er mit dem Lehrer an der k. k. böhmiſchen Oberrealſchule zu Prag, Johann Krejčí, redigirt.

Rautenkranz, Joseph, geb. 1776 in Böhmen, geſt. 1818. Weltprieſter. Ebenfalls einer der früheſten Förderer der böhmiſchen Literatur durch Schriften religiöſen und moraliſchen Inhalts.

Rubeš, Franz Jaromír, geb. 1814 in Böhmen, geſt. 1852. Syndikus. Talentvoller Dichter, beſonders im heiteren, komiſchen Fache. Gab ſehr beliebte Deklamationsſtücke heraus.

Sedláček, Adalbert, geb. 1785 in Böhmen, geſt. 1836. Ordensprieſter, Doktor der Philoſophie und Lycealprofeſſor der Mathematik und der griechiſchen und böhmiſchen Sprache zu Pilſen. Verdienter Schriftſteller im Gebiete der Mathematik, Naturlehre und geiſtlichen Rede.

Smetana, Joseph Franz, geb. 1801 in Böhmen. Ordenspriester. Doktor der Philosophie und Lycealprofessor der Physik und Naturgeschichte zu Pilsen. Bereicherte die Literatur mit einer Weltgeschichte, einer Astronomie und einer Physik.

Sušil, Franz, geb. 1804 in Mähren. Weltpriester und Professor des Bibelstudiums an der theologischen Lehranstalt zu Brünn. Nicht nur verdient durch seine werthvollen Originaldichtungen, sondern auch durch eine reiche Sammlung mährischer Volkslieder mit Melodien.

Šafařik, Paul Joseph, geb. 1795 in Ungarn. Früher Gymnasiallehrer, jetzt k. k. Bibliothekar zu Prag. Mitglied vieler gelehrten Gesellschaften und, obwohl er auch deutsch schrieb, einer der Heroen der böhmischen Literatur durch seine Schriften im Gebiete der slawischen Sprachkunde, Völkerkunde und Alterthumsgeschichte, auch Dichter, Sammler slawischer Volkslieder und Uebersetzer der Maria Stuart von Schiller. Wurde von Sr. k. k. apost. Majestät Franz Joseph I. mit dem Ritterkreuze des Franz-Joseph-Ordens beehrt, und ist Inhaber des k. preußischen Ordens „Pour le merite." Seine slawischen Alterthümer feiert Čelakowský in folgendem Epigramm:

> Rubine und Topase und Demanten,
>> Die schuttbegrabenen,
>> Die sumpfverschlungenen,
> Du faßtest sie mit kunstgeübter Hand
>> In reines, lautres Gold
>>> Zur Krone.

> Und sieh, schon hat die Krone jener König,
> Der älteste und zugleich der jüngste auch,
> Der ärmste und zugleich der reichste doch,
> Aus deiner Hand voll Dankes angenommen!

Šembera, Alois Adalbert, geb. 1807 in Böhmen. Nachfolger Bočeks sowohl in der Professur der böhmischen Sprache und Literatur zu Olmütz, als in dem Archivarsamte zu Brünn; gegenwärtig Professor der böhmischen Sprache und Literatur an der wiener Universität und controlirender Redactor des Reichsgesetzblattes. Verdient durch schätzbare Leistungen im Gebiete der Geschichte und Topographie und durch nützliche Volksschriften.

Šír, Franz, geb. 1796 in Böhmen. Gymnasiallehrer, jetzt Gymnasialdirektor. Schätzbarer Uebersetzer aus dem Deutschen (Müllners Schuld) Russischen (Bilder aus dem Kaukasus) und Griechischen (Marcus Aurelius Antoninus und Auswahl aus der griechischen Literatur) auch Originalschriftsteller.

Štěpanek, Johann, geb. 1783 in Böhmen, gest. 1844. Kassier und eine Zeitlang Mitdirektor des k. ständ. prager Theaters. Verdient um die böhmische Bühne und als Volksschriftsteller. Führte von dem Ertrage der Aufführung böhmischer Stücke über 20,000 Guld. CM. an Wohlthätigkeitsanstalten ab, und wurde dafür von Sr. Majestät Kaiser Franz 1. mit der mittleren goldenen Civilehrenmedaille ausgezeichnet.

Stulc, Wenzel Swatopluk, geb. 1814 in Böhmen. Weltpriester und Gymnasial-Religionslehrer. Hervorragend als Dichter im Gebiete der Lyrik und Legende, auch Uebersetzer aus dem Polnischen (Konrad Wallenrod von Mickiewicz) und Deutschen (fünfzig Spechter'sche Fabeln). Seine „Erinnerungsblumen auf den Wegen des Lebens" erschienen von mir übersetzt, Prag 1846. Eine Auswahl aus seinen Legenden und Erinnerungsblumen siehe in meinem „Rosmarinkranz," Regensburg 1855.

Tomek, Wenzel Wladiwoj, geb. 1818 in Böhmen, Professor der österreichischen Staatengeschichte an der prager Universität. Lieferte mehrere höchst schätzbare, auf eigenen Forschungen beruhende Geschichtswerke (Weltgeschichte, Geschichte des Kaiserthums Oesterreich, Geschichte von Böhmen, von Prag und der prager Universität).

Turinský, Franz, geb. 1796 in Böhmen. Justitiär. Beurkundete durch seine „Angelina" und „Virginie" ein hervorstechendes Talent zum höheren Drama.

Tyl, Joseph Kajetan, geb. 1808 in Böhmen. Theaterdilettant. Von Bedeutung für die böhmische Bühne als höchst fruchtbarer Originalschriftsteller und als Uebersetzer aus dem Deutschen (Kotzebue, Grillparzer, Deinhardstein, Raupach, Gutzkow). Im Novellenfache that er sich durch seinen „letzten Böhmen" hervor.

Winařich, Karl, geb. 1803 in Böhmen. Weltpriester. Verfasser ausgezeichneter Lesebücher für die Volksschuljugend, werthvoller Dichter, besonders für die Jugend, und vortrefflicher Uebersetzer aus dem Lateinischen und Deutschen. (Virgils Eclogen und Aeneide, Schriften des böhmischen Horaz, Herrn Bohuslaw von Loblowic auf Hassenstein, Pyrkers Perlen).

Wocel, Johann Erasmus, geb. 1803 in Böhmen. Früher Erzieher in mehreren adeligen Häusern, gegenwärtig Professor der böhmischen Archäologie und Kunstgeschichte an der prager Universität. Hervorragend durch seine theils deutsch, theils böhmisch verfaßten Schriften im Gebiete der Alterthumskunde und durch seine epischen Dichtungen: „Die Přemysliden," „Kelch und Schwert," und das „Labyrinth des Ruhmes."

Wydra, Stanislaw, geb. 1741 in Böhmen, gest. 1804. Ordenspriester. Doctor der Philosophie und Professor der Mathematik an der prager Universität. Ebenfalls einer der frühesten Förderer der böhmischen Literatur durch seine Anfangsgründe der Arithmetik und seine geistlichen Reden.

Zap, Karl Ladislaw, geb. 1812 in Böhmen. Früher k. k. Rechnungsofficial, jetzt Lehrer an der k. k. böhmischen Oberrealschule zu Prag. Aeußerst fruchtbar im Gebiete der Geographie. Sehr interessant ist sein „Spiegel des osteuropäischen Lebens." Er übersetzte auch einige Unterhaltungsschriften von Gogol aus dem Kleinrussischen, und redigirt gegenwärtig eine schätzbare archäologische Zeitschrift.

III.

Wie schon aus dem gebotenen Verzeichniß ersichtlich, so ist die Idee, von welcher die neuböhmische Literatur beseelt und getragen wird, die neuerwachte Idee des Vaterlandes, des Nationalwohls und der Nationalehre, die in jedem Volke leben muß, so lange es ein Volk ist, die sich aber mannigfaltig, auch verderblich gestalten kann, gleichwie der Selbsterhaltungstrieb und die Ehrliebe im Individuum. Es dürfte daher von Interesse sein, an einigen der vorzüglichsten Dichter zu zeigen, wie sich diese Idee bisher in der böhmischen Literatur gestaltet hat, wobei sich kein unerfreuliches Resultat schon deshalb anhoffen läßt, weil ja der Charakter des böhmischen Volkes von jeher ein solcher war, der, wenn nicht gereizt und gedrängt, nicht gern gewaltsam auftritt, und einem andern bereitwillig seine Art und Weise gönnt, wenn ihm das gleiche Recht zugestanden und die Möglichkeit einer naturgemäßen Entwicklung und Fortbildung nicht genommen wird.

Die Tochter der Slawa von Kollár.

Derjenige, welcher die noch halb vom Schlaf Befangenen mit mächtiger Stimme zum wachen Bewußtsein rief, war Kollár durch seine „Tochter der Slawa." Die in ihrer letzten Auflage aus mehr, als 600 Sonetten, wie schon gesagt wurde, bestehende Dichtung zerfällt in fünf Gesänge mit den Ueberschriften: 1) Saale, 2) Elbe, Rhein und Moldau, 3) Donau, 4) Lethe, 5) Acheron. Die Tochter der Slawa (des Ruhms), der fingirten Mutter der Slawen, ist eine Jungfrau, die der Dichter an der thüringischen Saale kennen lernt, und welcher er, als dem Inbegriffe aller weiblichen Vollkommenheiten, die eine Slawin schmücken können, sein Herz weiht. Durch ein hartes, nicht näher bezeichnetes Schicksal wird er von ihr getrennt, und verläßt jene Gegenden. Er wandert bis zur Donau in Ungarn, wo er endlich die Nachricht von dem Tode der geliebten Jungfrau empfängt. An diesen erotischen Faden knüpft der Dichter nach allen Richtungen und Seiten gewaltige herzergreifende Erinnerungen der slawischen Vorzeit bis hinüber in das Jenseits, aus dem ihm die Verklärte Kunde gibt von den himmlischen Freuden der Getreuen, von den höllischen Qualen der Ungetreuen. Kühnheit und Reichthum der Gedanken, wie der Phantasie, Tiefe und Feuer des Gefühls, Kraft, Fülle und Ge= drängtheit des Ausdruckes charakterisiren die Dichtung. Auch das Zarte ist ihr nicht fremd, so sarkastischderb sie sein kann. Das Sonett ist mit großer Kunst und Gewandtheit behandelt. Mit Athletenarmen rüttelte das Werk an den Schlaftrunkenen; wie der Donner schlug es an ihr Ohr, und öffnete es. Nächst der königinhofer Handschrift brachte kein poetisches Erzeugniß eine so allgemeine, bleibende Wirkung hervor.

Allein obwohl Kollár in einem Theile des Auslandes Würdigung fand, wie im **Quarterly Review Nr. III. 1829,** wo John Bowring mit besonderem Lobe über ihn urtheilt: so warf man ihm in einem anderem Theile Haß gegen die Deutschen und Panslawismus vor. Es ist nicht zu läugnen, daß er sich Bitterkeiten erlaubt, durch deren Wegbleiben das Werk an imposanter Größe und erschütterndem Eindrucke nichts verloren hätte; wer indessen bedenkt, in welcher aufgeregten Stimmung Kollár schrieb, wie er schon damals in Ungarn als Vertreter der Slowaken gegen eine Par= tei herrschsüchtiger Ultramagyaren zu leiden hatte, der wird gewiß Nachsicht mit ihm haben. Was den Panslawismus betrifft, so kommt es darauf an, ob man einen politische Pläne schmiedenden oder einen bloß auf natürlichen Sympathien beruhenden, literarischen versteht. Daß sich Kollár des ersten nicht schuldig machte, beweist am besten seine zuletzt erfolgte Anstellung an der Universität zu Wien; zu dem anderen bekennt er sich offen, auch in einer eigenen Schrift: „Ueber die Wechselseitigkeit der Slawen." Dieser Pansla= wismus ist factisch vorhanden, in der Geschichte nicht eben neu, aber so lange er sich innerhalb der gehörigen Gränzen hält, eben so wenig zu ver= werfen, als der unter den deutschen Völkern bestehende und durch eine ge= meinsame Sprache, das Hochdeutsche, geförderte Pangermanismus.

Von dem erotischen Theile der „Tochter der Slawa" absehend, aus dem ich 50 Sonette in den „Blüthen neuböhmischer Poesie" geboten, wähle ich hier, um das edle Ziel der Muse Kollars hervorzuheben, einige Sonette anderer Art, die ich jedoch in freie Odenform gebracht, um der natürlichen Kraft des Originals bei der Beschränktheit der Sonettenform nicht vielleicht Abbruch zu thun:

> Drei Dinge — schau' ich sie —
> Reizen mich immer
> Zu zorngemischtem Lachen:
> Zuerst — nicht weiß ich,
> Wie sie's nennen — das Thier,
> Das seinen Kopf im Bauche trägt.
>
> Erzklumpen dann,
> Die auf des Stolzes Flügeln
> Zum Himmel streben,
> Und stürzen nieder.

Zum dritten Blumen,
Die farbenprangend das Auge locken,
Doch widerstehen dem Geruch.

Wuth aber faßt mich,
Gewahr' ich Menschen,
Denen zur Sünde nicht
Und nicht zur Tugend schlägt das Herz.

Die sind's, die bei lebend'gem Leibe faulen,
Ekle Mumien
Ohne Balsam;
Denn wer zu leben begehrt, der rühre sich!

*   *   *

Nichtsünd' allein ist noch nicht würdig,
Im Strahlentempel der Tugend mitzuthronen;
Sie entgeht nur
Der Hölle Flammengluth,
Am Himmel aber hat sie keinen Theil.

Die Tugend eignet auch dem Steine,
Aus Trägheit niemanden
Ein Böses zu thun;
Doch hat er darum etwa,
Schon darum ein Recht,
Sich Gottes erhabnem Thron zu nahen?

Der Mensch übt Raub,
Wenn er nicht wegschenkt;
Spricht er nicht Wahrheit,
So lästert er;
Und ein Verbrecher ist er
Im Nichtsthun.

Er gilt so viel nur, als er wirkt und schafft,
Und fühlt er faulend keinen Muth zur Tugend,
Warum zur Sünde ist er kühn genug?

*   *   *

Unermüdet = rastlos
Auf väterlichem Heimathsboden,
Freudig der Arbeit
Weih' dort jeglicher seine Kraft!

Ob verschieden die Pfade auch,
Wenn nur all' uns,
All' ein Wille flammend beseelt!

Thöricht, des Mond's Bahnwindungen
Messen wollen
Mit Stümperhand,
Oder Glieder,
Die mit nichten taugen,
Im Tanz versuchen
Um spärlichen Lobes Bettellohn!

Besser fürwahr thut,
Wer nützlich verwendet
Sein geringes Pfund,
Der angebornen Art getreu —
Ob König oder Diener ist er groß.

Mehr oft für's Vaterland
Vermag die Hirtenhütte still und klein,
Als die gewaltige Wagenburg,
Der zum Kampf einst Zizka rasselnd entstürmte.

* *

Was sollte darum erkalten unser Herz,
Und sich versenken in trüben Kummer,
Daß eine leere Wüste nur wir fanden,
Wo noch kein Pflug veredelnde Furchen zog?

Den Sieg begehr' ich nicht,
Wo ohne Schweiß
Das Glück mir aus den Wolken fiele;
Wähl' mir zum Schaffen lieber des Chaos Nacht,
Daß eine Welt ersteh', wo keine war zu schauen.

Es wandeln Andre
Auf glatteren Pfaden,
Wir langsam und spät erst ihnen nach;
Doch sind auch wir, ist unser Volk auch jünger.

Uns liegt entschleiert,
Was Andre vollbrachten,
Nicht so den Andren, was einst wir
Im Buche der Menschheit zu bedeuten haben.

* *

Nicht wolle feig verzweifeln Bruder,
Wenn neidischer Haß die grimmigen Zähne fletscht!
Wer, schirmend die Wahrheit, seinen Muth nicht sammelt,
Zagt ihr zum Schaden, sich selbst so ungetreu.

Die Wahrheit räumt der Bosheit nicht das Feld,
Und wer sie lästert, vertheidigt sie,
Und jede Schmähung gereichet ihr zum Ruhme,
Der Wahn und Trug der Dummheit nur zum Schmuck.

Die Wahrheit ist des Libanons Cedern gleich;
Sturm rüttelt stärker an ihnen, um so weiter
Verbreitet sich ihr Mannaduft.

Ein Schwert der Wahrheit Zunge,
Die Brust ein Felsen,
Marmor das Herz,
Und Säulen ihre Arme,
Die Fersen Schlünde, den Widerstand begrabend.

* *

Heil ihm, der anstatt vieler
Ein Ziel, ein würdiges, kühn sich steckt,
All seiner Thatkraft
Zerstreute Strahlen
In ihm zu sammeln, wie im Mittelpunkt!

Ob dann in Glück, in Thränen,
In Gunst, in Ungunst,
Er denkt nur und fühlt nur und lebt nur für das Eine,
Bis im Triumph er
Zum Hafen bringt,
Und wär's durch Sturm und Flammen und Donner und Geschoße.

Ja, festem Willen, edlem Wunsche,
Des Herzens ungetheiltem Sehnen,
Gewährt der güt'ge Himmel gern!

Und ob das Wort auch
Nicht sich erfülle,
Kein kleinerer Ruhm ist's,
Wenn dir des Sieges Wonne nicht beschieden,
Zu fallen, ein Mann!

IV.
Die Erinnerungsblumen von Stulc.

Dieselbe Aufgabe, die sich Kollár in seiner „Tochter der Slawa" setzt, behandelt Stulc in seinen weit später erschienenen „Erinnerungsblumen," jedoch ohne eine Kopie Kollárs zu sein, durchaus auf seine eigene Art und Weise. Die Dichtung zerfällt in drei Abtheilungen, wovon die erste „Mein Seufzen," die zweite „Mein Jubeln," die dritte „Mein Rufen" überschrieben ist. Die erste Abtheilung ist der Klage über den im Vergleiche zu einer glorreichen Vergangenheit herabgekommenen Zustand des Vaterlandes gewidmet. In der zweiten richtet sich der Dichter an seinem Glauben empor, und hofft von dessen Segnungen, durch eine tröstende Vision ermuthigt, eine bessere Zukunft auf Erden unter den Menschen überhaupt. Um aber die Hände nicht müßig in den Schooß zu legen, durchzieht er in der dritten Abtheilung die Heimath, indem er dem Verdienste, wie Jungmann und Marek (s. Nummer II.) Denkmale errichtet, und nach allen Gauen den Aufruf zu rühmlichem, heilbringendem Streben ergehen läßt. Die patriotische Idee entwickelt sich in Stulc bereits zur Auffassung Oesterreichs als eines einigen Völkerstaates, ja sie erhebt sich auf den Flügeln der Religion bis zur Auffassung der Erde als eines gemeinsamen Wohnhauses für lauter befreundete, sich innig und aufrichtig wohlwollende Völker. Es spricht sich in seiner Dichtung ein ungemein weiches, zart fühlendes Gemüth, dem es gleichwohl nicht an Kraft fehlt, in eben so weichen, melodischen Versen aus, die in jene Form gebracht sind, welche Čelakowský zuerst in seiner „hundertblättrigen Rose" einführte. Ich lasse hier noch einige der kurzgedrängten, gefühl= und bedeutungsvollen Gedichte folgen:

10*

Tugend, heil'ge Tochter Gottes,
Himmelsmutter du, so sehr,
Ach wie traurig ist's, wie dunkel,
Wo nicht strahlt dein Antlitz mehr!

Wahrheit, Himmelshofeslampe,
Perle du in Gottes Kron',
Wo du fehlest, ach da setzen
Leid und Wehe sich zu Thron.

Heil'ge Tugend, theure Wahrheit,
Ihr nur seid des Heiles Borne!
Welche That und wessen Wort
Lockt zu uns euch her von dort?

* *
*

Welcher Geist führt von des Irthums
Trauerwegen mich zurück,
Gibt mir die verlorne Jugend,
Meine Lebenslust zurück?

Wessen Ton letzt meine Seele,
Heilt mit Balsam mir das Herz,
Trocknet meines Auges Thränen,
Das verstört von Leid und Schmerz?

Du bist's Glaube! Auf den Trümmern
Meines theuren Vaterlandes
Hast mich du mit Ruh' erfrischt,
Mir die Thränen abgewischt.

* *
*

Gott und Tugend, Wohl der Menschheit,
Heil'ge Liebe ohne Rast,
Und der Wahrheit Macht und Schönheit,
Sie sind's, die mein Glaub' umfaßt.

Sie sind meine festen Burgen,
Pole meiner Strebekraft,
Saatengärten meiner Liebe,
Hoffnungen, so zauberhaft.

Preis' der Thor sich seinen Irrthum,
Nie mehr wird sein Trug mich täuschen;
Was kein Heil bringt und Gedeih'n,
Nicht vom Himmel kann es sein.

* *
*

Zu dem Himmel, zu den Sternen
Hob sich oft mein Blick empor,
Und mein Herz mit lauten Schlägen
Pochte an das Wolkenthor.

„Ach wie lang', wie lang' noch streitet
Kain mit Bruder Abel fort?"
Also seufzt, ich. Aus des Himmels
Heiligthum klang da das Wort:

„Die Erlösung naht: der Liebe
Macht, sie wird die Waffen tilgen,
Gibt dem Schwert und Spieße bald
Sichelform und Schargestalt."

* * *

Grabe tief ein Grab, du Satan,
Tief, wohin kein Lichtstrahl fällt!
Dir zurück die Brut von Knechten,
Christi Abscheu, gilt die Welt.

Himmel jauchzt, jung wird die Erde,
Freund mit Freund erfreuet sich,
Gottes Kinder trennt, die Menschen,
Groll und Zank nicht feindschaftlich.

Groll und Zank, die Menschenwürger,
Sind am eignen Gift gestorben:
Michael, o wälz' herab
Felsen auf das Drachengrab!

* * *

Böse Zeit war: Dornen, Disteln
Wucherten auf jeder Bahn;
Unbekannt war, was die Liebe,
Bruder griff den Bruder an.

Böse Zeit war: Hochmuth herrschte,
Tugendmuth sank jämmerlich,
Lüge schlug die Seel' in Fesseln,
Selbst den Fluch sprach jeder sich.

Böse Zeit war — sie entweichet,
Mit dem Aufgang eint sich Abend,
Herz mit Herz paart Einigkeit:
Bald herrscht Christus nah' und weit.

* * *

Hoffnungen, ihr schönen Blüthen
Meines Gartens in der Brust,
Ihr erleuchtet meine Welten,
Himmel mir und Erd' in Lust!

In die ärmste Hütte kommen
Fried' und Ruh' an Gottes Hand;
Erd' und Himmel, alle Brüder
Einet einer Liebe Band.

Mögen Welt und Hölle toben:
In des Kreuzes Schatten wurzeln
Meine Hoffnungen und blüh'n,
Gott führt auch die Menschheit hin.

* * *

Wo bin ich? Wohin entschwand mir
All mein Himmel, all mein Glück?
Wieder zur verwaisten Erde
Riß mich ach! der Leib zurück.

Also seufzte meine Seele,
Und es bebte mein Gemüth;
Neue Leiden, neue Kämpfe,
Die erschreckt mein Auge sieht!

Seufze nicht, o meine Seele!
Nur zum Heil sind diese Kämpfe,
Glaub' und hoff' und treuentbrannt
Glüh' für Gott und Vaterland!

Man hat auch Stulc den Vorwurf gemacht, daß er den Deutschen feind sei, und ein slawisches Oesterreich im Sinne habe. Ich habe ihn in der Vorrede und den Anmerkungen zur Uebersetzung seiner „Erinnerungs= blumen" ausführlich in Schutz genommen. Hier bemerke ich bloß, daß er nur das Recht und die Würde der Slawen vertheidigt, ohne irgend welchen Haß, als den gegen das Schlechte, im Busen zu tragen, und daß er Oester= reich auffaßt, wie es eben aufgefaßt werden muß, zwar nicht als ein rein deutsches, aber auch nicht als ein rein slawisches, sondern als ein aus vie= lerlei Völkern bestehendes einheitliches Ganzes, wo kein Theil den andern zu beeinträchtigen hat. Zum Belege dessen möge hier noch folgen, was Stulc zu einem deutschen Freunde an der Donau sagt:

Biedrer Deutscher, Sohn der Liebe,
Tugend, Bildung! Freundschaftlich
Hier die Hand! An's Herz mit Inbrunst
Drücke, wie du mich, ich dich.

Fühlest unsre Wunden, fühlest,
Was dein Bruder, Ahn verbrach;
An des Himmels Thore pochet
Dein, wie unser, heißes Ach.

Hier die Rechte, biedrer Deutscher!
Diese Thräne meines Auges
Sei Vergeltung dir der Lust,
Die ich fand an deiner Brust.

*

Du hast uns erkannt, Teuts Sprosse,
Und dein liebend Herz kenn' ich:
Jetzt dorthin, wohin uns rufen
Zeit und Tagwerk feierlich!

Sag' den Deinen du, wie herrlich
Liebe, wie abscheulich Groll,
Daß Allliebe alle Völker
Heilig eine, segensvoll!

Was wir sollen, ist ganz klar uns:
Dafür, was uns Gott gegeben,
Geben wir selbst unser Blut,
Trotzen aller Feinde Wuth.

V.

Der Volksmährchenstrauß von Erben.

Wenn Kollár und Stulc als Lyriker die Idee eines edlen Volksthums direct wecken und pflegen: so thut dies Erben in der Bearbeitung seiner böhmischen Volksmährchen indirect auf epischem Felde, indem er dem Volke dessen Lieblingsgeschichten verschönert wieder zu geben, und so zur Aufklä= rung und moralischen Bildung desselben vortrefflich zu benützen weiß. An Mährchen und Sagen ist das böhmische Volk ebenso reich, als an Liedern und Sprüchen. Es soll mir ein Vergnügen sein, jenen Schatz dem deutschen Publikum künftig einmal zu erschließen, wo es dann gleichfalls Gelegenheit haben wird, interessante Vergleiche zwischen den Völkern indoeuropäischen Stammes anzustellen. Vorläufig begnüge ich mich, aus Erbens Volks= mährchen das mit dem Titel „der Schatz" im Auszuge vorzuführen. Es beginnt also:

Auf dem Hügel zwischen Buchen
Steht ein Kirchlein; von des Kirchleins
Niedrem Thurme schallen Töne
Durch den Hain, in's nahe Dorf.

Sind nicht helle Glockenklänge,
Sich im Thalgehäng verlierend,
Ist des Holzes dumpf Geklapper,
Das ins Haus des Herren ruft.

Und zu Gottes Ehre aufwärts
Eilt das Volk aus allen Hütten,
Lauter fromme Bauersleute,
Denn es ist Charfreitag heute.

Innen traurig, kahl die Wände,
Vom Altare wallt hernieder
Schwarzes Tuch mit einem Kreuze,
Und es tönen Klagelieder.

Da naht aus dem Walde hinter dem Bache, angethan in sein Feier= tagskleid, mit einem Knäblein auf dem Arme, eiligen Schrittes ein armes Weib, um den Gottesdienst nicht zu versäumen. Doch welche Veränderung gewahrt es in dem zum Kirchlein emporführenden Hohlwege?

Und wo an dreihundert Schritte
Von der Kirche aus Gesträuche
In den Weg ein Steinblock ragte,
Was gewahrt ihr Auge da?
Es gewahret einen Eingang
In die Erde, welcher offen —
Nicht vermag sie es zu fassen, —
Und der Stein ist weggewälzet,

Weggewälzt der ganze Felsen,
Als ob stets er so geruht.
Und es zeigt im Erdengrunde
Sich ein Gang, gleich einer Stube
Ausgewölbt in purem Quarze,
Und wo sich verliert die Wölbung
In des Hügels finstrem Schooße,
Zeiget eine Flamme sich.
Leuchtet bald in weißem Glanze,
Wie der bleiche Mond bei Nacht;
Leuchtet bald mit rothen Strahlen,
Wie die Abendsonn' in Pracht.

Verwundert bleibt das Weib stehen, schaut, tritt näher zu dem Eingang, die anfängliche Furcht schwindet, die Neugierde wächst, und, des Gottesdienstes vergessend, wagt es sich in das Innere der Höhle. Welche Wunder entdeckt es da!:

Offen stehet eine Pforte
Zu dem herrlichsten der Säle;
Gold strahlt von den Wänden allen,
Von Rubinen blitzt die Decke,
Und die Säulen sind krystallen.
Aber rechts und links vom Eingang
Auf dem Boden, der von Marmor —
Wer es nicht gesehen, glaubt's nicht —
Brennen, brennen zwei der Feuer,
Zwei der Feuer brennen dort,
Unvergänglich, fort und fort:
Ueber Silber zu der Rechten
Lodert eines mondenbleich,
Ueber Golde zu der Linken
Loht das and're sonnengleich.
Und die Flammen leuchten innen,
Daß der Saal von ihnen leuchtet,
Und so lang' Erz zu gewinnen,
Brennen die zwei Feuer dort,
Unvergänglich, fort und fort.

Geblendet steht das Weib, und es denkt an seine und seines Kindes Noth:

Gott im Himmel, welchen Hunger
Leid' ich nicht in Noth und Sorgen!
Elend frist' ich meine Tage —
Solche Schätze da verborgen!
So viel Silbers, so viel Goldes
In der Tiefe aufgehäufet —
O nur eine Hand voll mein,
Und reich würd' ich, glücklich sein,
Selig sein auf Erden hier,
Und mein armes Kind mit mir!

Da kann sich das Weib nicht länger halten. Sich bekreuzend, greift es nach einem Stücke Silber, prüft dessen Glanz und Schwere, birgt es in die Schürze. Und durch das Gelingen ermuntert, und das Ereigniß für einen Fingerzeig Gottes nehmend, setzt es das Kind auf den Boden, und beginnt sich die Schürze vollzufüllen. Doch was nun? Das Erz und das Kind kann es nicht zugleich forttragen; es gibt dem Erze den Vorzug, und beschwichtigt das kläglich rufende Kind damit, daß es gleich zurück sein wolle. Wirklich kehrt es in rasender Eile bald zurück, nachdem es das Silber zu Hause verwahrt hat:

> Und im sanften Windeswehen
> Ist der Kirchensang zu hören:
> Es erschallt im Chore eben
> Christi Leidenstod mit Beben.
>
> Und wie in den Saal sie tritt,
> Ruft das Knäblein: „Mutter! Mutter!"
> Ruft es laut und lacht vor Freude,
> Klatschet in die kleinen Händchen.

Doch das Weib hat nunmehr bloß Sinne für das glänzende Erz. Hastig füllt es sich jetzt die Schürze, füllt auch sein Tuch mit Golde:

> Und wie sie das Gold nun fortträgt,
> S'Knäblein zittert da nach ihr,
> Und es schreit in seinem Schmerze.
> „Mutter!" ruft es, „Mutter! Mutter!"
> Will sie fassen mit den Händchen.
> „Still, mein Kind! Still, still, mein Knabe!
> Nur ein wenig warte hier!"
> Und sie neigt sich zu dem Kinde,
> Greift in die gefüllte Schürze,
> Langt hervor zwei blanke Münzen,
> Klimpert, Münz' an Münze schlagend:
> „Siehst du, was da Mutter bringt?
> Kling, kling! Hörst du, wie es klingt?"
> S' Knäblein weint in seinem Leide —
> S' Herz der Mutter hüpft vor Freude.
>
> Und greift wieder in die Schürze,
> Bringet eine Handvoll Goldes,
> Legt es in den Schooß des Kindes:
> „Siehst du, was da Mutter bringt?
> Still, mein Kind! Still, still, mein Knabe!
> Kling, kling! Hörst du, wie es klingt?
> Nur ein wenig warte hier,
> Bin ja wieder gleich bei dir!
> Spiele, spiele schön, mein Knabe,
> Nur ein wenig warte hier!"

Und das Weib läuft und rennt, bis es in seiner Hütte anlangt, zu der es nun, hochmüthig auf den gewonnenen Schatz pochend, also redet:

„Ha du Hütte, kleine Hütte,
Will dir bald den Rücken kehren!
Was an dich soll jetzt mich fesseln?
Kannst mir keine Lust gewähren.
Will aus diesen schwarzen Wäldern,
Aus des Vaters armer Klause;
Bau' mein Glück an andrer Stätte,
Bin bald anderswo zu Hause.
Will hinweg aus diesen Gauen;
Freude gibt mir das Geleite;
Will, daß sich mein Glück vollende,
In die Stadt, die große, weite.
Will mir Länder, Schlösser kaufen,
Will zur Herrin mich erheben;
Hab' dich wohl, du kleine Hütte,
Mag in dir nicht länger leben!
Bin nicht mehr die arme Wittwe,
Tags und Nachts in Sorgen klagend;
Da, sieh her!" und in die Schürze
Blickt sie nieder, also sagend.

Allein welche Entdeckung da, welche Wahrnehmung!?

Hätte sie nicht hingeblickt!
Ha, sie wird ganz bleich vor Schrecken,
Bebt erschreckt an allen Gliedern,
Wär' in Ohnmacht fast gesunken!
Denn sie sieht, sie sieht — was sieht sie?
Kaum vermag sie es zu glauben.
Durch die morsche Thüre stürzt sie,
Stürzet zu der Truhe hin,
Wo das Silber sie geborgen,
Reißt die Truhe auf — was sieht sie?
Um des Himmels willen! Wehe!
Welche neue Wunde wieder!
Anstatt Silbers sind's nur Steine;
Und im Tuche, in der Schürze —
O der ungeheuren Täuschung —
Anstatt Goldes ists nur Erde!
All ihr Hoffen ist vernichtet! — —
Nicht des Glückes war sie werth,
War kein Segen ihr beschert.

Doch ist dies des Weibes einziger, größter Verlust?:

Und wie sie, zermalmt im Innern,
Den Verlust nun fühlt mit Schmerz,
Gibts ihr einen Stich durch's Herz,
Und sie schreiet zum Entsetzen,
Schreiet, daß die Hütte zittert:
„Ach, mein Kind! Mein theures Kind!"
„Theures Kind!" so wiederhallt
Es im dichten, schwarzen Wald.

Und in schaudervoller Ahnung
Läuft sie — doch sie läuft nicht, flieget —
Fliegt sie gleich dem schnellen Vogel
Durch den Wald, am Thalhang, dorthin,
Wo den falschen Schatz sie fand,
Nach dem Hügel mit dem Kirchlein.

Ist kein Kirchensang zu hören
In des Windes sanftem Wehen?
Es erschallt im Chore eben
Christi Leidenstod mit Beben.

Und als sie nun hingelanget
An die Stelle, welch ein Anblick!
Siehe, an dreihundert Schritte
Von der Kirche aus Gesträuche
Ragt ein Steinblock in den Weg!
Und der Eingang? Ist verschwunden,
Vorgewälzt der Felsen wieder,
Als ob stets er so geruht.

Ha, wie schaudert sie zusammen,
Wie entsetzt sie sich, ruft, suchet,
Rennt umher dort auf dem Hügel,
Durchs Gesträuche, todtenbleich!
Voll Verzweiflung sind die Blicke,
Leichenfahl sind ihre Lippen.

Ha, wie rennt sie durch die wilden
Büsche, von dem Hügel nieder!
„Wehe, weh, hier ist es nicht!"
Ihre Glieder sind zerrissen,
Dornzerstochen ihre Füße —
Doch wie auch sie forscht umher,
Findet nicht den Eingang mehr.

Da erfaßt sie neu Entsetzen,
Und, furchtbar geängstigt, schreit sie:
„Ach wer gibt mein Kind mir wieder!
Ach mein Kind, wo bist, wo bist du?"

„Bin hier unten, in der Tiefe,"
Tönt es leis im Windeswehn,
„Kann kein Auge mich gewahren,
Und das Ohr mich kaum verstehn."

„O gar herrlich ists da unten,
Ohne Speise, ohne Trank,
Auf dem glatten Marmorboden,
Gold im Schooße, ächt und blank."

„Tag und Nacht, sie wechseln nimmer,
Und kein Schlaf das Aug' bezwingt.
Spiele, spiele schön da unten —
Kling, kling! Hörst du, wie es klingt?"

Und es sucht das Weib vom neuen,
Doch vergebens — alles fruchtlos!
Nieder wirft sie sich verzweifelnd,
Reißt das Haar sich aus dem Haupte,
Blutbedeckt, bleich wie der Tod:
„Wehe, weh' mir! Wehe, wehe!
Ach, mein Kind, wo bist, wo bist du?
Wo dich finden, theures Kind?"
„Theures Kind!" so wiederhallt
Es im dichten, schwarzen Wald.

Und es bringt die Sünderin ein von dem Dichter mit den ergreifendsten Farben geschildertes langes Jahr der tiefsten Reue, der strengsten
Buße dahin. Kann der Himmel nicht verzeihen? Wird er kein Erbarmen
fühlen? Und wieder ist Charfreitag, wieder strömen die Landleute aufwärts
zu dem Kirchlein auf dem Hügel:

Horch, von oben zwischen Buchen,
Von des Kirchleins niedrem Thurme,
Tönet dumpfes Holzgeklapper
Durch den Hain, ins nahe Dorf!
Siehe, und zu Gottes Ehre
Aufwärts eilts aus allen Hütten,
Lauter fromme Bauersleute;
Wieder ist Charfreitag heute.

Und im sanften Frühlingswehen
Ist der Kirchensang zu hören:
Es erschallt im Chore eben
Christi Leidenstod mit Beben.

Wer naht da gleichfalls wieder aus dem Walde hinter dem Bache?
Welches ist das entscheidungsvolle Ende der Geschichte?:

Und am Thalhang zu dem Bache
Kommt vom Wald ein Weib gegangen.
Was hält ihren Schritt heut auf?
Ach sie denkt des Jahrestages;
Das erschwert ihr so den Schritt!
Und sie nähert sich allmälig,
Bis zum Felsen sie gelangt.

Doch, o Himmel, was gewahrt sie!
Dort, wo an dreihundert Schritte
Von der Kirche aus Gesträuche
In den Weg ein Steinblock ragte,
Dort gewahrt sie einen Eingang,
Und der Stein ist weggewälzet,
Weggewälzt der ganze Felsen,
Als ob stets er so geruht.

Und das Weib, es schrickt zusammen,
Ihre Haare stehn zu Berge,
Mit der ganzen Schwere drücket
Sie ihr Kummer, ihre Schuld.

Doch jetzt zögert sie nicht länger,
Und mit Bangen und mit Hoffen
Rennet sie durch die bekannte
Wölbung, die nach innen führt.

Und es steht die Pforte offen
Zu dem herrlichsten der Säle;
Gold strahlt von den Wänden allen,
Von Rubinen blitzt die Decke,
Und die Säulen sind krystallen.
Aber rechts und links vom Eingang
Auf dem Boden, der von Marmor,
Brennen, brennen zwei der Feuer.
Ueber Silber zu der Rechten
Lodert eines mondenbleich,
Ueber Golde zu der Linken
Loht das andere sonnengleich.

Und das Weib naht voll Entsetzens,
Und mit Bangen und mit Hoffen
Forschet sie umher im Saale.
Lockt das Silber sie, das Gold? —
O sie achtet dessen nicht! —
„Mutter, Mutter! Meine Mutter!"
Rufet da ihr Kind, ihr Kind,
Weinend durch ein ganzes Jahr,
Froh' jetzt in die Händchen klatschend.

Doch dem Weibe stockt der Athem,
Alle ihre Glieder zittern —
In verzweiflungsvoller Eile
Faßt das Kind sie in die Arme,
Trägt es durch die Wölbung fort.

Ha, da dröhnt es, hu, da tos't es
Hinter ihr im Schooß des Felsens;
Furchtbar Krachen, Sturmessausen,
Erdezittern, Schmettern, Brausen —
Hinter ihr stürzt das Gewölb.
„Hülf', o Hülfe, Mutter Gottes!"
Kreischt das Weib in ihrer Angst,
Blicket rückwärts hin mit Grausen.

Sieh, und welcher Wandel wieder!
Alles ruhig, aus Gesträuche
Ragt der Steinblock in den Weg hin;
Alles, ganz wie sonst, in Ordnung,
Keine Spur mehr von dem Eingang:
Christi Leidenstod mit Leben
Schallet jetzt zu Ende eben.

Doch dem Weibe stockt der Athem,
Alle ihre Glieder zittern —
In verzweiflungsvoller Eile
Trägt ihr Kind sie, trägts von dannen,

Trägt's und drückt es an den Busen,
Als ob um das Kind ihr bangte;
Läuft, daß kaum der Athem reichet,
Bis weit hinter ihr der Felsen;
Läuft und rennt — und blickt nicht rückwärts —
An dem Thalhang, dort beim Walde,
Bis voll Angst sie und voll Wonne
In der kleinen Hütte steht.
O mit welcher Inbrunst danket,
Danket sie da ihrem Gott!
Seht, wie ihre Thränen strömen,
Wie das Kind sie an sich preßt,
Stirn ihm, Händchen, Lippen küsset,
Wieder es zum Busen drückt,
Ganz nur Wonne, wie verzückt!

Doch was blitzt dem Kind im Schooße?
Was klingt dort? — S'ist reines Gold,
Gold, das im verfloss'nen Jahre,
Daß damit das Knäblein spiele,
Sie ihm in den Schooß gelegt.

Aber wenig, wenig reizt sie,
Was sie so viel Leid gekostet,
Sie gekostet so viel Thränen!
Gott bloß dankend, preßt sie enger,
Fester noch das Kind ans Herz.
Klar ist ihr's durch bittren Schmerz:
Daß an Gott nicht viel gelegen,
Und ein Kind der größte Segen.

So volksthümlich, so menschlich= und christlich edel, mit poetischer Kunst und tiefer psychologischen Kenntniß versteht Erben Volksstoffe zu be=arbeiten! Dies Mährchen ist auch ins Polnische übersetzt.

VI.

Die Gedichtesammlung von Čelakowský.

Nicht minder volksthümlich, als Erben, ist der sprachenbewanderte Čelakowský, einer der vielseitigsten böhmischen Dichter, der alle Tonar=ten der Poesie mit gleichgroßem Geschicke zu handhaben weiß. Vermöge seiner Objectivität gesellt sich die patriotische Idee in ihm bereitwillig zu anderen, und gern vertieft er sich in sinnige Betrachtung der Natur und der Welt überhaupt. Dieses bestätigt seine Gedichtesammlung. Sie enthält 1) die hundertblättrige Rose, die aus **100** Gedichten besteht, worin er die Freundschaft und Liebe, das Vaterland, Natur und Gott feiert, mit Anwendung einer selbst erfundenen, später auch von Stulc in seinen Erinnerungsblumen gebrauchten Versart. Einige Gedichte daraus sind in Nummer II. (bei Dobrowsky und Palacky) geboten. 2) den Nachhall russischer und 3) den Nachhall böhmischer Volkslieder, worin er russische und böhmische Volkslieder nicht übersetzt, nicht bearbeitet, sondern nachbildet, jedoch bei selbsterdachten Stoffen, und mit wahrhaft dramatischer Kunst. Sie sind in meiner „Blumenlese" übertragen zu finden 4) vermischte Gedichte und 5) Epigramme aller Sorten. Aus den letzteren sind die in Nummer II. (bei Jungmann und Safařík) genommen. 6) Uebersetzungen aus dem Lateinischen (Martial), Russischen, Kleinrussischen, Südslawischen, Polnischen, Deutschen, Englischen, Cornwallischen, Schottischen, Italienischen, Skypetarischen, Neugriechischen, Moldauischen, Lappischen und verschiedenen Sprachen Asiens und Amerikas.

Ich gebe hier noch Einiges aus seinen vermischten Gedichten und aus seinen Epigrammen:

An Fürst Rudolph Kinsky.

Gott, Ehre und Vaterland.

(Wahlspruch im fürstlichen Wappen).

Mit Glanz, der heller, als Diamantenblitz
In Herrscherkronen, zieren der Worte drei,
Erlauchter Fürst, dein Fürstenwappen;
Lieblicher tönet ihr Schall zum Ohr,

Als in der Fabel Reichen der Silberton
Sanglust'ger Quellen, mächtiger, als der Klang,
    Der flammende, der Harf' und Orgel,
    Welche das Herz zu den Sternen tragen!

Kein Schild, mit kräft'ger tönendem Spruch geschmückt,
Ward auf Turneien je von der Faust erfaßt;
    Nicht hinter schön'rem Spruche stürmte
    Eherner Mannen Gefolg in Schlachten.

In diesen hehren Worten enthalten ist
Des Lebens Grundstein, unseres Daseins Born,
    Der Trieb zu Thaten auch, bei deren
    Glanze die Völker in ew'ge Tafeln

Eintragen ihre Namen mit Flammenschrift.
O edler Sinn du, der auf den Ahnenschild
    Den Spruch du, den gedenkenswerthen,
    In dem Gefluthe der Zeit als Erbschatz

Bewahrten, pflanztest! Gott denn, er sei der Hort —
Nicht festrer Stütze wahrlich bedarf der Mensch —
    Und sei die Hoffnung, sei der Führer
    Auch den Geschlechtern der spätsten Enkel.

Und Ehre, Strahlen gießend auf deinen Stamm
Mit heller Leuchte, schirm' ihn als Genius;
　　Er aber bleib' des Vaterlandes
　　Nimmer verwelkende Zier und Wonne!

Die Hasen.

Zu einem großen Landtag kamen,
(Mich däucht, im Sommer war's, denn auch die jungen
In Schaaren kamen mitherbeigesprungen),
Die Hasen einst von Berg und Thal zusammen.
Der ält'ste, ihr Rathgeber, setzte sich
Auf seinen Hintertheil, und dann und wann
Die Ohren spitzend, sprach er feierlich
Die horchende Versammlung an:

„Liebtraute Herr'n und Frauen habet Acht,
Denn eine Angelegenheit,
Die für uns insgesammt von höchster Wichtigkeit,
Sei heut vor euer Gremium gebracht!
Ihr wißt — wozu es unter uns verschweigen,
Welch feiges Herz uns eigen,
So daß wir unter den gestirnten Fluren
Die elendsten der Creaturen —
Ihr wißt, wie wir beim leisesten Geräusch
Im Laub
Sogleich uns machen aus dem Staub;
Wie wir beim besten Krautfeldschmaus,
Sobald den Strohmann wir entdecken,
Als hätt' er Knochen, Blut und Fleisch,
Und wär' es schon mit uns garaus,
Sogleich die Fersen zeigen voller Schrecken:
Und sind doch Hasen, edel von Geschlecht!
Wir sollten, überlegen wir es recht,
In jeder Fahr und Noth stets an der Spitze steh'n!
Allein was hilft's! Umsonst das Streben,
Uns selbst und unsre Kinder
Zur Kühnheit zu erheben;
Es will und mag trotz aller Müh' nicht geh'n!
Drum rath' ich, daß sich sechs aus unsrer Mitte
Zu Jupiter verfügen mit der Bitte,
Er möge doch mehr Herz uns geben,
Dafür bedenk' er unsre Füße minder."

Man pries den Rathschlag allgemein,
Man rief: „Ins Protokoll trag' ihn der Schreiber ein!"
Und eilte, überzeugt, es könne gar nicht fehlen,
Drei Hasen und drei Häsinnen zu wählen.
Die zogen hin, und flehten auch gebührlich,
Zeus aber fand die Sache unnatürlich,
Und ließ sie unerhört von sich.
Da kam denn die Gesandtschaft wieder,
Hing traurig ihre Köpfe nieder,
Und schilderte, wie's ging, recht weinerlich.

Die Sitzung wurde neu begonnen,
Allein nichts ausgedacht, nichts ausersonnen:
Wie weit auch reicht Verstand von Hasen!
Doch hört die Schmach nicht auf, sie tief zu kränken,
Die Kränkung reizt die Galle,
Zu sterben schwören alle,
Und — rennen hin zum Teich in wildem Rasen,
Um ihr Geschlecht dort zu ertränken.

Patsch, patsch,
Da springen mit Geplatsch,
Vom Hasenfußgestampf in Angst gesetzt,
Die Frösche in den Teich,
Die auf dem Ufer sich am Sonnenstrahl geletzt.
Die Hasen stutzen allzugleich.

„Ei" spricht der älteste dann nach ein'ger Ueberlegung,
„Nehmt's in Erwägung!
Die hier,
Die sich so eben stracks empfohlen,
Sind doch weit elender, als wir:
Sie fürchten sich vor uns! Wozu den Tod uns geben?
Es steht ja nicht so arg. Wir wollen lieber leben!
Kommt, uns vom Drangsal zu erholen!"

Die Blumen.

1. Sonnenwende.

Sonne ist meine Lust, ihr folg' ich vom Morgen bis Abends:
Sagt, wie kann doch der Mensch wenden sein Auge von Gott?

2. Vergißmeinnicht und Maiblümlein.

Immer gedenk' ich dran, das Himmelreich ist der Kleinen,
Wenn Maiblümlein ich wo oder Vergißmeinnicht seh'!

3. Blauer Flieder.

Süß ist dein naher Duft; doch lieblicher weht er im Lufthauch
Mich aus der Ferne, wie Jugenderinnerung, an.

4. Glöckchen.

Schmerz ergreift uns, so oft aus der Fern' ertönet die Glocke,
Daß uns Blumen nicht Klang wurde für unser Gefühl.

5. Maaßliebe.

Bin ein geringes Blümchen, das erste und letzte im Jahre:
Weise Hausfrau, so sei aus dem Bett und zur Ruh'!

6. Majoran.

Nicht unlieblich ist mein Geruch, ich würze die Speisen;
Doch weil ich Landsmännin bin, schätzt mich der Landsmann gering.

Benzig, Blicke.   **11**

7. Todtenblume.

Mich erschaffend sprachen der Schmerz und die Hoffnung die Worte:
„Blume, für immer sei dunkelndes Grün dein Gewand;
Und wenn rings die Blüthen und Blätter der Blumen verwelken,
Tröst' auf beschneitem Grab du dann der Trauernden Herz.

8. Camille.

Daß mir der Schmuck der Farben fehlt!" so seufzte Camille,
Die heilkräftige, still. Nachtigall rief ihr vom Baum:
„Fragt wohl der Kranke dort, ob du prangst in deinem Gewande?
Fragt die Sehnsucht, ob mich schönes Gefieder bedeckt?"

9. Mohn.

Jüngling, es ruft der Mohn dir zu, der Blüthe und Frucht trägt:
„Kränze mit Schönheit dich jung, bringe dann Nutzen als Mann!"

10. Astern (Sternblumen).

Schon ist die Pracht dahin der Frühlingsblumen, des Sommers
Blüthen sind auch verwelkt, Astern noch bringet der Herbst.
So begrüßen uns einst Sternblumen im Herbste des Lebens,
Strahlend führen sie uns ewigen Frühlingen zu.

Erbendankbarkeit.

Jüngst hinterließ ein Knicker beim Sterben
Ein hübsches Sümmchen. Wem? Lachenden Erben.
Doch stellten diese ihm ein Standbild auf von Steine,
Daß es — an ihrer statt an seinem Grabe weine.

Die Acta literaria mancher gelehrten Gesellschaften.

Nichts gewahrst du da von irb'schem Tande,
Keine Venus, keine Grazien;
Doch du siehst, wie im Agypterlande,
Sphynxe, Apise und Mumien.

An einen Schriftsteller.

Bis einst Shakespeare's, bis einst Göthe's Werke
Gastlich hold der Lethe aufgenommen,
Dann — o freue dich der süßen Hoffnung —
Kommt, was du verfaßt, herausgeschwommen.

Auf einen Doctor.

Wie heilt Herr Doctor Steif den reichen Herrn von Stauf?
Mit Egeln fängt er an, mit Würmern hört er auf.

Auf N. N.

Ehrliche Leute hat dieser Schuft
Verschwärzt und verdächtigt sein ganzes Leben,
Bis zur Gruft.

Was mag er wohl jetzt in der Hölle machen?
Nun, was er hier gethan:
Er giebt dort bei Belzebub
Die Teufel als ehrliche Leute an.

———

VII.

Der „Salomon" von Jablonsky.

Durch seinen „Salomon", eine Perlenschnur der herrlichsten patrio-
tischen und reinmenschlichen Ansichten und Lehren, die ein Vater seinem
Sohne mittheilen kann, glänzt Jablonsky im didaktischen Felde. Ich will
den engbemessenen Raum dieser Blätter lieber mit seinen Arbeiten, als mit
Bemerkungen über ihn, füllen:

1.

Auf und nieder gehn die Sterne,
Sonne kommt, und scheidet täglich,
Und so ist, mein Sohn, im Weltall
Alles immerdar beweglich.

Eine Welt umkreist die andre,
Stern den Stern seit Ewigkeiten,
Und so ist es heut noch immer,
Und so bleibt's für alle Zeiten.

Um die Erde siehst den Mond du,
Mit ihr um die Sonn' ihn gehen:
Um die Heimath soll dein Sinnen,
Und mit ihr um Gott sich drehen.

2.

Sohn, bevor du trittst in's Leben —
Wenn nicht ohne Ehrenfalten
Dir das Alter nahen soll —
Ueberleg' in deinem Geiste,
Und erfass' mit warmem Herzen,
Diese Fragen, inhaltsvoll:

Was ist blüthenarm der Frühling?
Was der Sommer ohne Aehren?
Eine Mutter ohne Kind?
Was der Herbst, dem Früchte fehlen?
Und was ohne Schnee der Winter?
Sein, das thatenlos verrinnt?

Was sind Blüthen ohne Schönheit?
Und was Aehren ohne Körner?
Kinder, deren Geist bethört?

Was sind Früchte, die nicht schmackhaft?
Was der Schnee, nicht silberglänzend?
Und was Thaten ohne Werth?

3.

Jenen Pfau, mein Sohn, betrachte,
Wie er eitel sucht zu prangen!
Möge dich sein Prunken lehren,
Nie dem Stolze anzuhangen.

Häßlich ist solch sündhaft Wesen,
Lächerlich solch nichtig Streben;
Doch in e i n e r Art des Stolzes
Mögest du dich stets erheben.

Dieser Stolz lehrt dich verachten,
Was zum Thiere dich entehret;
Dieser Stolz, er lehrt dich lieben,
Was zum Geiste dich verkläret.

Ja, mein Sohn, er lehrt dich scheuen,
Alle Werke, die des Bösen,
Alle Sklavenfurcht vor Menschen,
Alles kriecherische Wesen.

Und damit du das Geheimniß
Wissest, dieser Stolz, die Zierde
Und der heil'ge Schmuck des Menschen,
Ist — der Stolz der Menschenwürde.

4.

Komm, mein theu'rer Sohn, und koste
Von des Abends Zauberglück!
Auf des tiefen Sees Spiegel
Hefte achtsam deinen Blick!

Ob der Wind auch mit den starken
Stämmen rüttelt auf der Höh',
Gleich als wär' er unbeweglich,
Liegt der tiefe, stille See.

Schneeichtweiße Schwäne spielen
In dem ebnen Wasserraum,
Und entfalten unter Scherzen
Ihrer Schwingen Silberflaum.

Diesem See, mein Sohn, sei immer
Deiner Seele Tiefe gleich,
Keine Leidenschaft empöre
Je ihr stilles Friedensreich.

Und ein jeglicher Gedanke,
Der aus deiner Seele steigt,
Er sei rein und ohne Makel,
Gleich dem Schwan, der dort sich zeigt.

Und es sei dein Herz im Busen
Gleich der holden Nachtigall,
Die im Haine dort für Jeden
Singt mit süßem Flötenschall·

5.

Thue Sohn, so wie die Sonne,
Wenn sie wallt im Himmelsfeld;
Dreier Arten ist das Gute,
Das sie dann erweist der Welt.

Licht mit ihrem goldnen Strahle
Sä't sie aus, und wärmt zugleich,
Und beseligt durch ihr Wirken
Der Geschöpfe ganzes Reich.

So mit deiner Weisheit kläre
Du der Menschen dunkle Nacht,
Und erwärm' sie für die Tugend,
Glück zu schaffen stets bedacht.

Der nur heißt mit Recht die Sonne,
Und ihr Ruhm wird ihm zu Theil,
Der da, dreifach thätig, fördert
Wahrheit, Tugend, Menschenheil.

6.

Horche, Sohn, wie Schmerz und Freude
Die beschwingten Chöre singen!
So viel Stimmen, so viel Klänge,
Die zum Herzen wonnig dringen!

Anders singt der holde Sänger,
Dessen Lied den Wald belebet;
Anders kündet, was er fühlet,
Jener, der zum Lichte strebet.

Anders ruft die schwermuthsvolle
Taube ihre lieben Kleinen;
Anders lockt der laute Kukuck
Zu sich her die Schaar der Seinen.

Anders schallt der Schlag der Wachtel
Aus der Saaten goldnen Wellen,
Anders sind die leisen Töne,
Die im Schwalbenzwitschern quellen.

Anders strömt im Lied die Lerche
Die Gefühle ihrer Seele;
Anders, was sie tief empfindet,
Nachtigall aus süßer Kehle.

Traurig wär' der Garten, tönte
Nur ein Sang statt vieler Sänge;
Und nicht wär' die Welt so reizend,
Wenn nur eine Sprach' erklänge!

VIII.
Das „Labyrinth des Ruhms" von Wocel.

Didaktischer Art, wenngleich in episch-dramatischem Gewande, ist auch das Labyrinth des Ruhms von Wocel, ein Werk, über das an der Universität zu Kasan Vorträge gehalten wurden, und das bei allen Anklängen an Göthe's Faust, Byrons Manfred, das Labyrinth der Welt von Comenius und die historische Gallerie der Tochter der Slawa von Kollár seinen eigenthümlichen Werth besitzt. Es ist offenbar verfaßt, um die in Böhmen aufstrebende Vaterlandsidee vor Abwegen zu bewahren, und in der Hauptperson, dem jungen Jan von Kuttenberg, ein mahnendes Beispiel aufzustellen, daß der heilsame, wahre Ruhm nicht im Bunde mit der Verworfenheit gesucht werden dürfe. Doch ist der Umfang und die Reichhaltigkeit des Werkes zu groß, als daß hier mehr, denn ein nacktes Skelett, gegeben werden könnte.

Jan von Kuttenberg hat unter den Taboritenkämpfern die blutige Schlacht bei Lipan 1434 mitgeschlagen, gelangt nach dem unglücklichen Ausgang derselben auf die Riesenkoppe, und will sich hier voll Verzweiflung in einem der tiefsten Abgründe begraben. Der böse Geist Duchamor (Seelenmörder) ist es, der ihn auffängt und rettet, aber nur darum rettet, um ihn, bevor er sich seiner bemächtigt, erst vollends geistig und moralisch zu verderben. Er verheißt Jan, ihm zur Rache, seinem Volke durch ihn zum Ruhme zu verhelfen, und gewinnt ihn für sich. Siegreich tritt Jan wieder unter den sich neu schaarenden Taboriten auf; doch Duchamor weiß ihn von dieser Sphäre der Thätigkeit dadurch abzulenken, daß er ihn erfahren läßt, die Taboriten selbst seien einst die Mörder seiner dem alten Glauben getreuen Aeltern gewesen, und ist nun bestrebt, ihm alle ernstere Beschäftigungen verhaßt zu machen, und ihn in einen Wirbel nichtiger Vergnügungen hinein zu reißen, ohne daß jedoch Jan unterliegt. Es folge hier eine von den vielen mit allem Aufwand pikant-poetischer Kraft und archäologischen Wissens geschilderten Scenen:

Sieh, es geht in prunkenden Gemächern
Ein geräuschvoll-herrlich Fest vor sich!
Schmuck und Schönheit, holde Reigen fesseln
Auge, Herz und Seele wonniglich.
Stoffe, von Goldfransen reich umwallt,

Zieren dort die Erker, draus der Pfeifen
Und der Saiten süß Getöne schallt.
Rauschend wimmelt's in dem großen Saale:
Frau'n, in goldenen Brocat gekleidet,
Drauf von Perlen Stickereien flimmern,
Siehst du dort gleich holden Sternen schimmern,
Daß der Blick sich voll Entzücken weidet;
Um die Fräulein werben junge Herren
In des reichsten Schmuckes Strahlenhelle.
Liebe ruft die Huld heraus zum Zweikampf,
Wo das Siegen und wo das Ergeben
Wird zu seliger Gefühle Quelle.
Horch, wie die geschlagnen Pauken hallen!
Melodien strömen aus den Saiten,
Deren Klänge Pfeifen hold begleiten,
Und die jungen Blicke sprüh'n von Glanze,
Während mit anmuthiger Bewegung
Und in süßem Chor harmonisch singend,
Die Versammlung festlich kreist im Tanze.

In dem prächt'gen Saale vorn am Fenster
Steht des königlichen Festes Herr.
Unbekümmert um der Mädchen Kränze,
Sieht voll trauriger Gedanken er
Auf den Seiger, der in theu'rem Schranke
Mißt mit Körnern Sands die ew'ge Zeit;
Und ob rings auch Freudentöne schallen,
Ob rings herrschet laute Fröhlichkeit:
Jan starrt ernst; die Welt, so weit ergossen,
Ist für ihn von einem Korn umschlossen.
Duchamor lehnt dort an einer Säule,
Schießt auf Jan der Schreckensblicke Pfeile,
Welcher plötzlich jetzt das Haupt erhebet,
Und den Mund zum Lachen graß verzieht.
„Du, des ew'gen Widerspruches Meister",
Spricht er zu dem grinsenden Genossen,
„Sieh! wie Freude alle hier durchglüht,
Wie das arme Volk der Eintagsfliegen
Sich ergötzt bei heitrem Wetterblick,
Und am Rand der dunklen Zukunft flattert,
Unbekannt mit seinem Endgeschick.
Doch dies Endgeschick, ich will es kennen,
Kennen sie, der Zukunft schwarze Seiten;
Darum sollst durch deine Zaubermacht
Du ein kleines Festspiel mir bereiten.
Ja, in dieser lusterfüllten Nacht
Sollst du mir sogleich zu schauen geben,
Wie die Zeit verwandelt Menschenleben.
Die hier athmen, musiciren, hüpfen,
Stelle sie in jenem Leib mir dar,
Den ein jeder trägt aus ihrer Schaar,
Bis der Jahre fünfzig einst entschlüpfen."

Und es nahet Jan im Kranz der Frauen
Sie, die als die Perle ist zu schauen.
Es erzittern ihre Schwanenglieder,
Und das Schamroth mahlet ihre Wangen,
Als die Blicke sie zu Jan erhebet,
Die erglühn vor zärtlichem Verlangen,
Und nun hintritt, ihm zum holden Zeichen
Eine Purpurrose darzureichen.
„Unsren Dank, du Hoher!" spricht sie leise —
Da schallts: „Fünfzig Jahre sind entfloh'n!"
Und indem sich Jan ihr neigt
Grinst ihn an ein Kahlkopf ekler Weise.
Sieh, im prächt'gen Saal welch furchtbar Fest,
Wie noch keinem Auge je erschienen,
Seit die Welt bestrahlt wird von der Sonne!
Was erst eben jetzt mit Frühlingsmienen
Blühend lachte in dem Glanz der Wonne,
Umgeformt ists hier zum Grab sofort,
Zu der dunklen Nacht des Sterbens dort.
Hier, wo erst mit seiner Maid ein Jüngling
Ließ erklingen holde Liebestöne,
Fletscht mit dem Gerippe eines Weibes,
Welches höckrig, ein Geripp die Zähne;
Und der Junker, der von Putz geblinket,
Einem fahlen Weibesleichnam sinket
Er an's Herz als abgelebter Greis;
Und umher in schauderhaftem Kreis
Sitzen rings in Todtenhemden viele,
Hingelehnt auf goldverbrämte Stühle.
Hier sind Leiber, die, im ehr'nen Streite
Grimm zerhau'n, in Strömen Blutes schwimmen,
Andre dort, die schon der Würmer Beute;
Ringsumher liegt weiß Gebein zerstreuet,
Zwischen dem, bereits dem Tod geweihet,
Greise sich auf Stäben abwärts krümmen.
Still ist's, wie in einer Grabeshalle,
Und verstummt die Musikanten alle:
Der hat fallen lassen die Trompete,
Noch am Munde jenem liegt die Flöte,
Dem sank auf die Pauken sein Gebeine,
Nur ein hagrer, alter Mann alleine
Streicht die Geige noch mit matten Gliedern,
Aber die zerriss'nen Saiten wollen
Keine frohen Töne mehr erwiedern.
Jan erbebt angstübermannt,
Hüllt sein Auge mit der Hand;
Doch Gebein nur faßt Gebein,
Denn, indem er sich berührt,
Sind's nur Knochen, was er spürt.
„Schreckensgeist, laß ab, laß sein",
Ruft da Jan, selbst ein Geripp,
„Leben uns und Jugend gib!"

Und, der Einz'ge unverwandelt, läßt
Duchamor nach allen Seiten
Auf die Mißgestalten rings
Jetzt die Schreckensblicke gleiten,
Während im Gesicht, dem wilden,
Des Urvaters aller Sünden,
Furchen sich von höll'schem Lachen,
Tiefgezogne bilden:
„Auf, die fünfzig Jahre sollen
Rückwärts in den Schooß der Zeiten!
Traum und Täuschung soll entflieh'n,
Tag und Leben neu erblüh'n;
Zauber soll der Jugend vollen
Glanz dem alten Volk bereiten!"
Als gebietend diese Worte schallen,
Da durchzuckt die Gäste neue Regung;
Wie berührt von einem Zauberstabe
Kommen sie in freudige Bewegung,
Junges Blut beginnt sie zu durchkreisen,
Sang ertönet neu und süße Weisen,
Putz und Wangenroth mit frohem Strahle
Glänzen wieder in dem hellen Saale.
Nur das Mädchen, das die volle Rose
Dem erlauchten Wirthe dargeboten,
Blicket ihn, erfaßt von Schrecken, an;
Denn ein bleiches Marmorbild steht Jan,
Aus den Höhlen treten ihm die Augen,
Starren gräßlich glänzend auf die Rose,
Bis er zitternd sich das Antlitz hüllt.
In der Runde murmeln da die Gäste,
Die es sehn, von Staunen all' erfüllt:
„Körperliches Leiden mag ihn hindern,
Theil zu nehmen an dem frohen Feste."
Doch indem sie augenblicklich wieder
Sich mit Braus im Tanz zu dreh'n beginnen,
Schreitet e r, des Festes Herr, von hinnen.

Da sich Jan standhaft behauptet, theils durch sein besseres Selbst, theils durch die unauslöschliche Erinnerung an eine Jungfrau, die er auf dem Grabe seiner Mutter kennen gelernt, seitdem aber nicht wieder gesehen, obwohl sie ihn fortwährend in der Verkleidung eines Pagen umgibt: so greift der Böse zu einem anderen Mittel. Er zeigt Jan in einer langen Reihe historischer Bilder aus Böhmen, vom baltischen Meere, von der Saale, der March, der Weichsel, dem Tatragebirge in Ungarn, dem Balkan, von Moskau, dem Ganges und Himalaja, daß die Slawen von jeher durch ihre Bestrebungen für Religion und Nationalität nur unglücklich geworden; in einem die Kräfte der Natur beherrschenden, die Güter der Natur klugbenützenden (egoistisch-materiellen) Kosmopolitismus allein sei das wahre Heil zu finden. Es stehe hier auch eines der interessanten historischen Bilder,

wenigstens seiner ersten Hälfte nach, und zwar das vom Ganges und Hima=
laja, wo die Anhänger des Budha, die in der Dichtung für die Stamm=
väter der Slawen angenommen werden, schaarenweise aus Indien flüchten,
nachdem sie eine entscheidende Schlacht gegen ihre Widersacher verloren
haben:

Dewypryja's Tempel küsset
Dort die Bucht mit seinen Schatten,
Wo des Bhagirathy's Wellen
Sich mit heil'ger Strömung gatten.
Gegen Süd das Urgewässer
In gar holde Auen fließet,
Drauf die ewighohe Shiwa
Ihre schönsten Gaben gießet,
Wohlgerüche, süße Klänge,
Farbenschmuck voll Glanz und Wonne.
In die blaue Welle blicket
Parabrama's Aug', die Sonne,
Wie der Bräut'gam schwelgt mit Sehnen
In der Jungfrau Liebesthränen.

An des heil'gen Urstroms Borte
Hügel sich und Berg' erheben,
Draus empor, wie Tempelsäulen,
Palmen, Sykamoren streben;
Liebeshauch aus Amrablüthen
Ringsumher die Lüfte tränket,
Und zu Boden den geschmeid'gen
Zweig die Baniane senket,
Daß er ankernd dort sich mehre,
Reiche Schaaren frischer Zweige,
Neue Haine dort gebäre.
Sieh, und die Maddawapflanze,
Fest der Liebe Baum umfangend,
Strebt als Gattinn auf, am Gatten
Mit der Blüthen Lippen hangend.
Schweigen liegt auf Land und Welle,
Nur der Amrabaum mit seinen
Blüthen, wie mit Fingern, winket
In der Mailuft Spiel, der reinen,
Und vom Paradiese will
Flüstern er zum Haine still.

Jetzt aus der Maddawe blauem
Kelche fliegt ein goldnes Vöglein,
Singet hell: „Die Hitze weichet,
Kühler Hauch die Welt durchstreichet!"
Und da wieget sich der Psittich
Auf der Palme, grün erschimmernd,
In der kühlen Welle badet
Sich der Reiher, silberflimmernd,
Und in ihr mit weißer Blume

Sich der heil'ge Lotus spiegelt,
Drauf ein Schmetterling sich senket,
Selbst ein Blümchen, doch beflügelt,
Und dort in der heitren Bläue
Schwebt der Paradiesesvogel,
Prächtig, wie ein Regenbogen,
Glänzend ob des Ganges Wogen.

Sieh und Mädchen, die bekränzet,
Nahen jetzt den heil'gen Wellen,
Knie'n am Ufer, lassen Thränen
Auf die Kränze niederquellen,
Und hierauf mit heißem Kusse
Lassen Kähne sie aus Blumen
Schwimmen auf dem heil'gen Flusse.
Auf des Ganges blauem Felde
Scheint ein neuer Lenz zu strahlen:
Das Gewand des ganzen Stromes
Bunte Blumen herrlich malen;
Und den Strom hinab die Mädchen
Ihren Sang so lieblich senden,
Als ob dort der Lüfte Geister
Kränz' aus Himmelstönen wänden:

„Heil'ge Wellen, sel'ge Wellen,
Fließt mit unsren Gaben, fließet,
Und die Jünglinge, die fernen
Mit der Blumen Düften grüßet!"

„Sieben Mal schon kam der Abend,
Seit die Theu'ren uns verließen,
Um ihr Blut, dem Schlachtruf folgend,
Für die Heimath zu vergießen."

„Wieder Düfte aus den Blumen
Lockt der Mond mit blassem Lichte;
Ach er weckt auch Zähren wieder
Auf der Mädchen Angesichte."

„Heil'ge Wellen, sel'ge Wellen,
Fließt mit unsren Gaben, fließet,
Und die Jünglinge, die fernen,
Mit der Liebe Thränen grüßet!"

Auf dem Fels, der seine Scheitel
Auf dem Hügel dort erhebet,
Heil'ge Gluth, für Parabrama
Angeschürt, zum Himmel schwebet.
Ringsum knie'n in weißen Kleidern
Grauer Greise dichte Mengen,
Die zum großen Weltenwecker
Flehn empor mit dumpfen Klängen:

„Preis dem Feuer, Preis der Welle,
Parabrama Preis gegeben,

Deſſen Macht aus Swarha's Schooße
Auferſtehen läßt das Leben!
Parabrama, Lichtes Bronnen,
O gib hold
Deinem Volk
Kraft im Kampf, der heiß begonnen!"

„Budha, großer Weltenwecker,
Lebenshort durch alle Zeiten,
Laß dein dankbar Volk nicht fruchtlos
Gegen ſeine Dränger ſtreiten!
Lebenshort, der Stärke Bronnen,
O gib hold
Deinem Volk
Den Budhinen, Siegeswonnen!"

Agnimet, der hehre Prieſter,
Hebt ſich jetzt empor, und blickend
Südwärts, wo ſich der Budhinen
Land eröffnet herzentzückend,
Ruft er: „Ha, dort auf den Fluren
Wirbelt Qualm aus allen Hütten!
Fuhr der Blitz aus heitrem Himmel,
Iſt es böſer Geiſter Wüthen? —
Weh, bewaffnet mit des Todes
Blitz ſind böſer Geiſter Schaaren
Auf die Weiber, Greiſe, Kinder
Unter Toſen losgefahren!
Ach, ihr Jünglinge, wo ſäumt ihr,
Wo verzieht ihr, Budha's Krieger?
Eilet, eilt herbei zu retten,
Eh' die Feinde noch als Sieger
Dies Geſchlecht, das heißgeliebte,
In den finſtren Abgrund betten!"

Doch die jungen Krieger hören
Nichts vom Ruf mehr ihrer Theuer'n,
Sind gefallen alle, alle,
In dem Kampf, dem ungeheuer'n,
Nicht ein Einz'ger iſt geblieben,
Der die Schreckenskunde brächte
Von der Schlacht, der unheilsvollen,
Da heran der Dränger Fluthen
Bis zu Budha's Tempel ſchwollen.

Und das war ein Metzeln, Stöhnen,
War ein Toſen, Jammerdrönen —
Und es fliehn in unnennbaren
Schmerzen aus dem Land der Väter
Nordwärts der Budhinen Schaaren.

(Bei dem berühmten Tempel der indiſchen Göttin Dewypryja oder
Dewaprayaja — vergleiche die ſlawiſche Prija — vereinigen ſich der
Bhagirathy und die Alaknanda, und bilden ſo den Ganges. —Shiwa

ist nach der indischen Mythologie die in der Wärme oder im Feuer verborgene Macht, die Mannigfaltiges erzeugt und zum Wachsen bringt, und das Reife wieder zerstört. Vergleiche die slawische Ziwa. — Mit dem Namen des obersten Gottes der Indier „Parabrama, Brama" ist der Name des slawischen Donnergottes „Perun, Pron" aus einer Wurzel. — Swarha, Swarga bedeutet im Sanscrit den Himmel, Aether. Vergleiche den slawischen Swaroh. — Budha bedeutet in der indischen Mythologie die lebenweckende Sonne. Creuzer`in seiner Symbolik und Mythologie der alten Völker sagt: „Budh bezeichnet den Zustand des Erwachtseins d. h. der inneren Erweckung und Budha heißt der Erweckte." Das böhmische „buditi" bedeutet „wecken.")

Jan würde sich in den Schlingen des Satans verstricken; doch da ist es der Tod seines Pagen, der ihn rettet. Sein Page fällt für ihn, getroffen von dem Mordstahl eines fanatischen Taboriten, der Rache sucht an Jan für dessen Abfall. Allein schon früher hat es sich geoffenbart, daß der Page niemand anderer, als die verkleidete Jungfrau, die Jan zuerst auf dem Grabe seiner Mutter getroffen, und die bisher sein Schutzgeist gewesen. Die Worte, welche die Sterbende auf dem Todtenbette spricht, üben auf Jan's ganzes künftiges Leben entscheidenden Einfluß:

. . . . „Mein geliebter Jan,"
Also tönt es, „weihe dich fortan
Ganz der heil'gen, gränzenlosen Liebe! — —
Du rangst hart in heißem Thatentriebe,
Aber deinem Schritt auf blut'gen Feldern,
Auf des Ruhmes labyrinthschen Pfaden,
War des ew'gen Truges Geist gesellt;
Doch an Werken, die zum wahren Heil,
Hat ein reines Herz nur sel'gen Theil,
Das kein sünd'ger Wahn befangen hält. — —
Heimathslieb' und Glaube, Tugendmuth
Seien eures Volksthums heilig Gut,
Daß ihr so den Weltenschöpfer ehret,
Der durch sie den Völkern Ruhm bescheret. — —
Fürchte die Natur nicht! Es entstellen
Böse nur das Bild der Himmelstochter.
Sieh, als Priesterin in ihren Tempel
Ruft Natur dein Volk, und seine Reih'n,
Die in Ehrfurcht den Altar umringen,
Sprenget sie aus heil'gem Bronnen ein,
Daß der Bildung Blüthen, reich an Segen,
Die verwaiste Menschheit schmücken mögen. — —
Bis das Böhmenvolk des Blutgewandes
Sich entledigt, und, sich selbst erkennend,
Seine Fahne aufrollt, dann reißt kühn
Seines Geistes Kraft die Gluth vom Himmel,
Breitet mit des höchsten Herren Gnade
Licht und Helle auf ganz Slawien hin.

Haltet nur die Lampe Brüder! Beben
Euch die Hände auch, und regnen nachtend
Pfeile um euch her im harten Kampfe,
Liebe wird Kraft, Glück und Ruhm euch geben. — —
Hoff' zur Liebe, zu der segensreichen,
Zu der ew'gen Gnade Wiederschein,
Die begonnen hat in Leid und Pein,
Hoff' zur Liebe in des Kreuzes Zeichen! — —

Mit der ganzen Kraft seines Willens sagt sich nun Jan von dem
Satan los, und verläßt zur Buße reuig und geläutert sein theures Vater=
land. Doch bleibt es ihm unvergeßlich; er wirkt auch in der Fremde für
dasselbe, und zwar durch Vervielfältigung nützlicher Culturwerke, als fried=
licher Buchdrucker. Wohl erscheint der Satan noch einmal, um sich seiner
mit Gewalt zu bemächtigen; allein der Himmel selbst in den Personen der
verklärten Mutter Jan's und der für ihn als Opfer gefallenen Jungfrau
legt sich in's Mittel. Und so schließt der Dichter nach Erreichung seines
edlen didaktischen Zieles, ohne über des betäubten Jan's weiteres Schicksal
näheren Aufschluß zu ertheilen, mit folgenden Worten:

Doch ihr fragt, ob der durch Lieb' Erlöste
Neu auf dieser Welt empor geblickt,
Oder ob des Todes stiller Engel
Leisen Flugs Jan's Herz an sich gedrückt?
Wem ist's kund! Die Worte des Gedichtes
Melden nur von einem leichten Traum;
Nacht entweicht, Tag färbt den Himmelsraum,
Und der Traum versinkt ins Meer des Lichtes.
Er versinkt und bloß Erinn'rung bleibet
An der Bilder ausgeloschne Spur;
Jetzt, nachdem das Lied zu End' geklungen,
Tönt das Saitenspiel im Nachhall nur
Leis und lind: Des Böhmenvolks Geschicke
Stehn im Abglanz dort vor eurem Blicke.
Neue Kämpfe habt ihr zu erwarten,
Es erstehen neuer Feinde Reih'n;
Doch ein heil'ger Sinn geht heldenmüthig
Mit dem Stoff den Kampf des Schreckens ein.
Aber blut'ge Treffen nicht und Schlachten
Oeffnen euch des Glückes Heiligthum;
Wißt, nur mit des Lichtes blanken Waffen
Bahnt ihr euch den Weg zum ew'gen Ruhm!

Zum Schluß.

So reich und mannigfaltig, und so schön und edel zugleich, entfaltete sich bisher die Vaterlandsidee in der böhmischen Literatur. Es unterliegt keinem Zweifel, daß die böhmische Literatur hierbei nicht stehen bleiben darf, sondern daß sie die in ihr bereits liegenden Keime der Ideen des größeren Vaterlandes Oesterreich, der Natur und der Welt, der Religion und Humanität weiter pflegen, und von dem gesteckten Mittelpunkte ihre Radien nach allen Seiten hin ziehen muß. Dies wird auch erkannt und angestrebt, und der neue Unterrichtsplan drängt und treibt zur Universalität, ohne, wenn er gewissenhaft ausgeführt wird, die Individualität aufzuheben. Von Hindernissen dürfen sich die böhmischen Schriftsteller nicht abschrecken lassen, eingedenk des böhmischen Sprüchwortes:

>   „Ohne Widerpart
>   Welkt Tugend jeder Art;"

und dessen, was Kollár sagt:

>   „Ja, festem Willen, edlem Wunsche,
>   Des Herzens ungetheiltem Sehnen,
>   Gewährt der güt'ge Himmel gern.
>
>   Und ob das Wort auch
>   Nicht sich erfülle,
>   Kein kleinerer Ruhm ist's,
>   Wenn dir des Sieges Wonne nicht beschieden,
>   Zu fallen, ein Mann!"

Soll einmal ein böhmisches Volk, wenigstens noch auf lange, lange Zeit, bestehen, so ist, wenn das Volk nicht armselig verkümmern soll, eine Literatur nöthig — haben sie ja doch sogar die Isländer auf ihrer abseitigen Eisinsel — und zwar nicht nur eine populäre, sondern auch eine höhere Literatur, weil die erstere ohne die letztere versumpft, wie die letztere ohne die erstere verdampft.

> „Singe, wem Gesang gegeben
> In der Menschheit Dichterwald;
> Das ist Freude, das ist Leben,
> Wenn's von allen Zweigen schallt."

Und nun steigen wir, nachdem wir unsere Umschau von den vier Höhenpunkten Prags gehalten, wieder zu der altehrwürdigen, erinnerungs= reichen Stadt hinab, indem wir nur noch dem Zizkaberg, dem Hradschin und dem Wysehrad einen Gruß senden, und uns jeder den eigenen Ge= danken überlassen.

Druck der Hofbuchdruckerei in Altenburg.
(H. A. Pierer.)

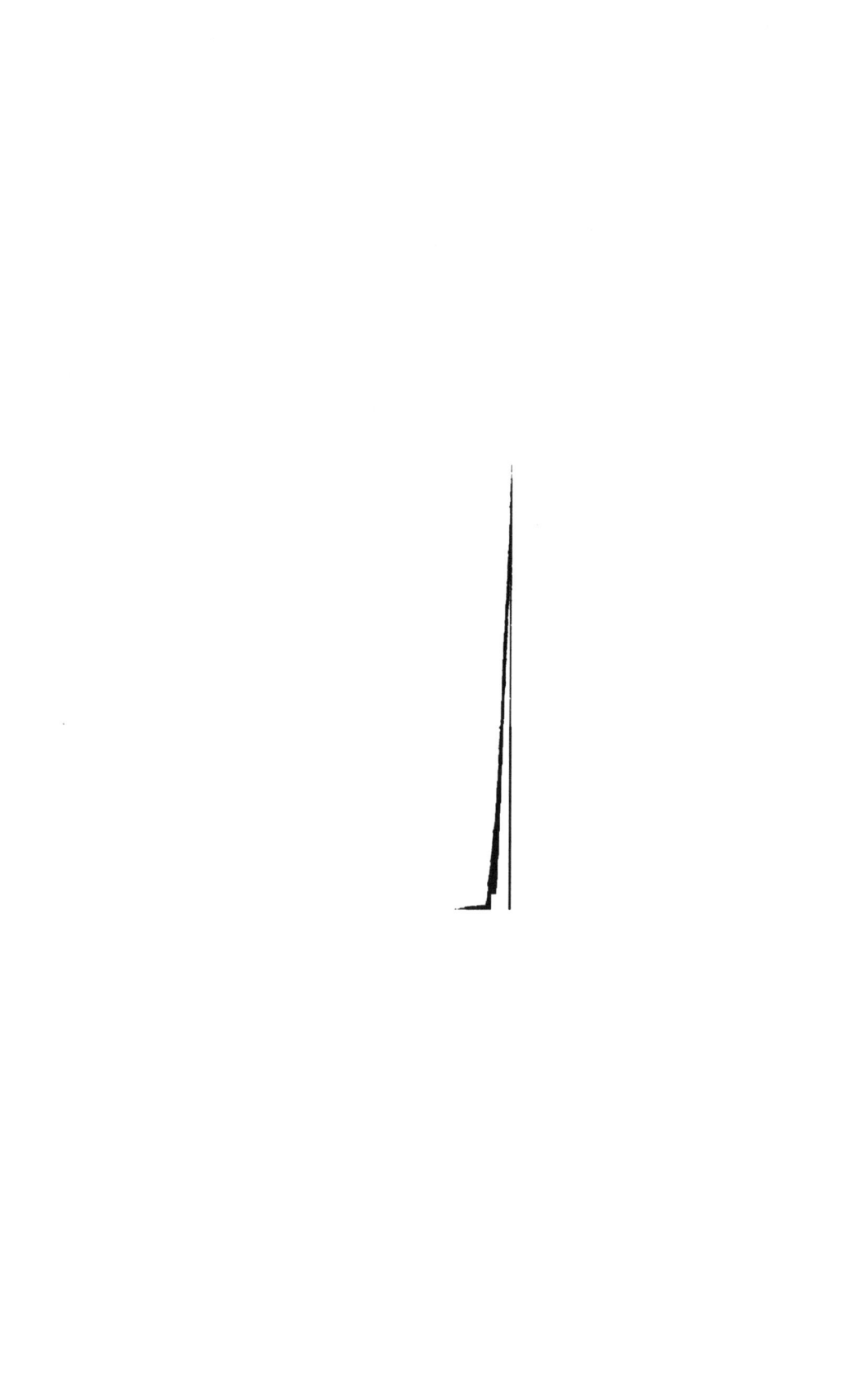